2019 湖南省高校思想政治工作优秀团队建设项目（19GG30）成果
2024 湖南省“芙蓉计划”——高校优秀思想政治工作者项目：
青年骨干队伍建设项目（FRJH2417）成果

SHOUWANG QINGCHUN
HUAYU RUNXIN

守望青春 化雨润心

袁世平　沈　菲◎著

GAOXIAO FUDAOYUAN
PEIYU SHIDAI XINREN DE
SIKAO YU SHIJIAN

高校辅导员培育时代新人的思考与实践

中南大學出版社
www.csupress.com.cn
·长沙·

序一

朋友的酒

/ 李　萌 /

收到袁世平和沈菲两位兄长的大作，一口气读完后，有种微醺下的兴奋感，我们都是做学生工作出身的，有着共同的奋斗目标、成长过往，更有着志同道合的情谊。这本书，就像是朋友的酒，第一口下去能感受到酒的纯烈，但很快回甘，第二口下去开始发散着熟悉的醇香，唇齿留香，第三口下去则是久逢知己的直抒心意。酒此时已经不再是酒，是我们共同的青春和回忆。

一

世平哥比我大8岁，是我们这一行的老大哥，我俩也恰好认识了8年。这8年来，我最佩服的就是他和学生之间的情谊，只要是他带过的学生，求学时都把他当作敬重的师长，毕业后把他当作情深意浓的兄长。这8年来，我俩有过很多次一起出差开会的机会，每到一处，总能见到他的学生，他们搂着世平的脖子，高兴地端起酒杯，感谢着曾经的关照和指导，我想，这就是我们从事辅导员工作最大的幸福。这本书的名字叫“守望青春　化雨润心”，我想，我在他的那些毕业生中，一次次地见证了守望青春的投入，化雨润心的收获。我见证了他的学生在边陲交运建设的一线挥洒汗水，见证了他的学生在枢纽企业的案头设计打磨，见证了他的学生在西部大有可为的沃土茁壮成长。他对待我们这些兄弟和朋友，就像对待他的学生一样，一样地倾心付出，一样地真心投入。我俩的酒，是超越平时度量的升华，每一杯酒，都烙下满满的情谊。

二

我认识沈菲是在2015年，那几年我有一项很重要的工作，就是培养辅导员素质能力大赛的选手。那一年，我随队参加全国辅导员素质能力大赛时，认识了沈菲。当时，他是全国三位一等奖选手之一，遗憾的是，我却把他同另一位“美女”混淆，这也不怪我，单看这个名字，谁又能想到是这样的一个“汉子”呢？

所以，初见沈菲真容，因为和想象中有较大出入，我是略有“失望”的，但很快，我俩就成了无话不谈的兄弟。我一直觉得，沈菲是很有人格魅力的一个人，他有很多学生也成了优秀的学生工作者，他们在聊起沈菲时，也和我有一样的感觉，“帅气”“才气”“志气”都是他的代名词。原本我以为他会是一个很骄傲的人，但真正接触才发现，他是一个真性情的人。这种真性情体现在与学生的交流中，是真诚认真，体现在工作上，是专注投入，体现在与朋友的交往上，是真挚实在。我俩的酒，往往是狂风骤雨，有着一见如故的情谊和豪情万丈的胸臆。

三

除了两位作者，我们的团队还有两位朋友，一位是沈阳工业大学的李青山，一位是华中农业大学的祝鑫。青山和沈菲一样，比我略长几岁，我俩也认识了10年之久，从杭州到北京，从哈尔滨到沈阳，从长春到大连，从延安到西安，几乎我俩相遇的地方，都留下过我们爽朗的笑声。我们会为怎样做好某项工作讨论得面红耳赤，也会为拍摄思政短视频的一个细节反复切磋，更会为彼此相互勉励、互相提醒。祝鑫是我借调北京时的"挂友"，我们在一个处室共同工作过，也经常共同参与专项工作。她是一个很有灵气的人，有着缜密的逻辑思维能力，能够快速吸收知识信息，也有着男生一样的洒脱。我们五个人组成了一个曾经出品过100多部网络思政作品的团队，是一群志同道合的战友，"志同者不以山海为远"，我们之所以志同，是因为都无比热爱大学生思想政治工作，都有着坚定的为党育人、为国育才的理想信念，这就是我们五个人能够抱团取暖的原因。

立德树人是一项无限光荣的使命任务，对于思想政治工作者，如何真正走好这"最后的一公里"？我想引用一句我特别喜欢的话作为收尾，因为这就是我们做好工作的重要遵循和方式方法——引导学生"用脚步丈量祖国大地，用眼睛发现中国精神，用耳朵倾听人民呼声，用内心感应时代脉搏"，把对祖国血浓于水、与人民同呼吸共命运的情感贯穿学业全过程、融汇在事业追求中。

所以，朋友的"酒"不是真正的"酒"，而是一种美好的写意，是朋友之间醇厚的情感，各自攀登，高处相逢的喜悦，更是对思想政治工作终身投入的执念！

序 二

守得住无怨无悔，望得见星辰大海

/ 李青山 /

拿到世平大哥和沈菲的书，就像是看到平行时空的另一个自己，从忙碌的躯壳中钻出来，写了这本书。我们常常提到守望天空、爱情、幸福、城市，却很少有人说到守望青春。守望青春是我们的初心和使命，是一份担当、一种责任，就像大海守望奔腾，蓝天守望白云，守得住无怨无悔，望得见星辰大海。

素笺留墨有情，春雨润物无声。翻开这本书，多是一些发言稿、心得体会，还有一些信件、网文，然而，风行草偃、润物无声。他们就是这样，通过最简单朴素的文字，把对学生的爱融入日常思想政治教育中。就像当年世平大哥带着护理专业学生参加大赛时填的那首《念奴娇》，“相欠而见，付出应无悔，华发无怨”，这种心境为全书注入了真挚而浓烈的感情。

提到感情，我宁愿相信本书是一种团队的力量，一聚众人的情感。世平大哥和沈菲是我们团队中的成员，2021 年，他们与祝鑫、李萌和我共同发起了“榜样你好”活动，从此一发不可收，《这五年，我们乘风奔跑！》《不负重托，铸魂育人》等作品见证了我们的友谊，也凝结了我们的思考。其实，书中的很多内容都是我们共同的心声，“同行相遇”“同向而行”“同频共振”三个篇章也汇聚了我们的身影。我曾与沈菲相约在大雪纷飞的东北“煮酒”，也曾畅想在艳阳高照的南国“阔论”，但均未能成行，我想这本书就是一次弥补遗憾的“纸上谈兵”。

这本书中没有华丽的词藻，有的只是我们这一拨辅导员真实的工作和成长记录；没有晦涩的理论，有的只是平铺直叙的思考和体会；没有超凡的创造，更多的是日复一日的经验和总结。在这本书里，看到的是执着专注的积极心态，触摸到的是满怀激情的不竭动力，体会到的是不畏各种挑战的智慧勇气，感受到的是关心学生成长的真情实感。这些内容能让我们进一步准确把握当代高校辅导员的工作、思想和心理状态，深刻理解我们肩负的使命和责任！

十年尺素、点滴师恩，本书既是对同行的育人者们的启示，更是对大学生们的告白，希望他们能够以最饱满的状态、最昂扬的斗志走过这段人生中最美好的青春年华。“培养什么人，怎样培养人，为谁培养人”是教育的根本命题，我们能从这本书中感受到两位老师对教育事业的忠诚信仰，进而深刻体会到立德树人的时代内涵。

序三

我眼中的世平和沈菲

/ 祝　鑫 /

我与世平、沈菲因为从事相同的工作而结识，因为共同的价值追求而成为无话不谈的朋友。这对于即将步入中年的我们来说，是珍贵的。毕竟人生海海，经得住海水的冲洗能够沉淀在海底的关系，的确是少的。

世平和沈菲都是我敬佩的人。世平的暖是尽人皆知的。在家庭中自不必说，为了家人，他愿意一个人承受压力，独自面对。在朋友关系中，他周全安稳，是最让能让大家安心的那一个人。在学生眼里，他是好老师，也是好大哥。当年，世平的第一个孩子出生，他因为要处理一个学生的事情，错过了陪妻子一起迎接孩子到来的重要时刻。这样类似的“错过”发生过很多次，但他从来不会主动提起，但学生对他的好，他倒是丝毫不愿意去掩饰。每当他说起当年带过的那些学生，他脸上会拂过那种老父亲向邻居“炫耀”自己孩子时的骄傲神情。当然，世平是有资本骄傲的。在我的眼里，世平的暖在于他的“真”，真诚的“真”，在于他对所有人的真诚是无差别的，也在于即便得知对方不值得自己的真诚时也依然会给予最大的宽容和尊重。

相比于世平的暖，沈菲的“冷”则更耐人寻味。沈菲似乎总是介于入世和出世之间，他入世，但在心里却对周遭的一切默默保持着一种或远或近的距离；他出世，倒也没有超脱这世俗的潮流。所以他努力，但不强求；较真，但不执拗。不熟悉他的人好像很难从一个面、一个维度去评价他，看起来有些复杂，但其实他又是一个非常简单的人，简单到我们可以用一个字来评价，那就是“真”，真实的“真”。这种真实，在于他在自己好的抑或是不好的方面的全盘接受，以及悲与喜、忧与思等所有情绪的欣然接纳；在于他在面对学生时的表里如一，说真话，做真事，赢得了学生们的尊重；在于他和自己独处时的“三省吾身”以及和朋友相处时的善意真诚。这些都让人感到踏实安稳。沈菲的真实让他保留了自我的本色，因此他总能给人留下一些或深或浅的印象，或者与其他人相比，他拥有更多的区分度。

所以两个“真”的人成了好友。世平和沈菲基于真诚和真实的品质，跨越山海，建立起相互信任、相互欣赏的关系，是人生难得的一座富矿。两位优秀的人选择将和学生在一起时写下的文字合起来出版，我想一方面是为了纪念曾经为事业而奋斗的燃情岁月，另一方面也是为了留住那些好朋友相互扶持共同面对生活苦难的难忘时光。

文如其人，我想，你会在世平和沈菲的文字里感受到他们共同的价值观和育人理念，当然也会感悟到他们基于不同的性格特点、不同的人生经历所形成的不同的理解和认识。我们每个人所实践出来的工作，都带有自己深深的印迹。因此，这样一本书，是值得我们细细读的。

目录

第一篇 同行相遇

第二篇 同向而行

第三篇　同频共振

01

第一篇
同行相遇

初识

/ 袁世平 沈 菲 /

初识沈菲

我从2000年7月留校起，就一直从事着自己所热爱的高校辅导员工作，在中南大学土木工程学院担任年级辅导员14年，2014年6月到中南大学湘雅护理学院担任分管学生工作的党委副书记。我在工作期间认识了很多辅导员同行，即使原来素不相识，很多人一见面就有一种很强的亲近感，彼此之间有说不完的话，并很快地会成为好朋友。我把这种现象称为因“同频”而产生的“共振”，沈菲老师就是其中之一，但我们认识得很晚。“第十届全国高校辅导员年度人物”推选展示活动的50名候选人现场答辩会于2018年4月25日在北京会议中心举行，我在参会名单上看到了沈菲的名字，但并没有和他本人对上号，当时我认为沈菲应该是一位女老师。答辩结果公示后，在公示的前十名的名单中我又看到了沈菲的名字，便上网搜索了他的信息，但因为没有看到照片，我依然认为沈菲是一位女老师。2018年全国高校辅导员工作现场会于6月23—25日在中南大学举行，大会对在“第十届全国高校辅导员年度人物推选展示活动”中获得荣誉的辅导员和“第七届全国高校辅导员素质能力大赛”获奖者进行了表彰。作为东道主，我负责接待来自全国各地的辅导员同行们。还记得去接沈菲前我打电话给他，听电话里是个男性的声音，我还以为自己打错电话了。我第一次见到沈菲就倍感亲切，他外形高高大大的、很帅气，话不多，但每句话都很真诚，加上标准的普通话和标准的男中音，给人的感觉很温暖。进一步深入了解后，我发现我和他有很多共同点，性格、兴趣都很相似，对很多事情的认识和看法也非常一致，他当年也是有很多更好的工作机会可以选择，却选择了从事辅导员工作，也参加过全国辅导员素质能力大赛。在长沙的两天时间，因为事情很多，我们之间的交流也不多，之后都是在网上进行交流。再见面时是在 2019 年 12 月教育部思政司举办的全国辅导员骨干培训班上，但这时我们已经如同相交多年的好友。2020 年年初，新冠肺炎疫情期间，我俩会经常通电话讨论，讨论如何做好学生思想安抚和服务工作，讨论对一些事情的看法，有时候一个电话会聊几个小时，也一起写下了很多心得。就这样，我俩成了无话不谈的好朋友，遇到任何事我都想打电话给他，因为和他交流完许多工作上的事情后总可以找到答案。

作为一名辅导员，一直都觉得能够陪伴学生成长我很幸福，同时我也强烈地感受着另一种幸福，那就是在全国有那么多志同道合的辅导员同行们，很多人从来没有见过面，却在群里讨论得热火朝天，大家相互帮助、相互激励，相互感染、相互感动，成为彼此前进的动力。

初识世平

世平比我大 6 岁。中国人习惯从对一个人的称呼中感受彼此的亲密度。后来我特意观察了一下，世平的学生习惯叫他“袁导”，透着一股亲切劲儿，同事同行称呼他“袁书记”或“袁大哥”，源于他的身份、年龄和“江湖地位”。

第一次见世平是 2018 年 6 月 23—25 日在中南大学举行的全国高校辅导员工作现场会，大会对在“第十届全国高校辅导员年度人物推选展示活动”中获得荣誉的辅导员和“第七届全国高校辅导员素质能力大赛”获奖者进行了表彰。世平和我同在那一年获得“全国高校辅导员年度人物”称号。作为中南大学的老师，他还是那次会议的东道主，协助负责接待来自全国各地的同行。

去长沙之前第一次与世平通电话，一个东北口音的中年男性，和想象中完全不一样。他似乎也被我的名字迷惑了，没有想到我是一位男性老师，愣了片刻，寒暄了几句。在长沙见面后感觉很亲切，一方面是作为同行的天然亲近感，另一方面是世平身上有一种与生俱来的质朴与豪爽。

但即便如此，第一次见面时我还是尊称他为“袁书记”。面对一位比自己年长的老师，我保持了第一次见面时必要的“真诚和拘谨”。

在长沙的两天时间，世平作为东道主热情且尽职。通过官方的事迹介绍和私下的交流沟通，我对这位 40 多岁、生于东北、学习工作在长沙，从事学生工作二十余年，总是被一届届学生亲切地称为“袁导”的老师有了较为立体和全面的认识。离开长沙时，我油腻而又自然地改口称他为“世平大哥”，相约“常联系、多交流”。

后来的事实证明，这并非常见的客套。长沙分别后，我们经常会通过电话或微信交流工作上的一些问题，这极大地拓宽了我的工作思路和视野，也让我了解了更多“袁导”和学生之间的故事。

一年多以后，我们在全国高校辅导员骨干培训班上重逢，彼时我们已如多年旧友；疫情期间，我们经常互致电话问候，也讨论交流如何做好特殊时期的学生思政工作，尝试进行一些工作思考的记录；后来，我们与祝鑫、李萌、李青山等几位好友一起策划推出“榜样你好”主题活动，交流进一步加深……

不知道从什么时候起，我摒弃了最后一丝客套，开始称呼他“世平”或“老袁”，逐渐习惯成自然。从我的想法和他的态度中，我确信这不是一种莽撞或无礼，而是真正从“新朋”到“老友”的蜕变。

认识世平的这些年，我还见过不少他的学生。学生对他的敬重与亲近无缝衔接、毫不违和，恰是辅导员作为人生导师和知心朋友角色的完美融合。我明白，这是世平多年真心真情对学生付出的生动映照与回报，也让我更强烈地感受到作为一名辅导员的成就与幸福，对育人事业有了更为感性而深刻的认知。

我始终相信，人与人之间是有某种磁场的。我和世平的磁场相吸源于哪些因素？这是个简单又复杂的问题。我们从事着同样的工作，有着共同的职业追求，但我们又有着不同的学科背景和成长经历，工作履历也不尽相同。如果一定要为这个问题寻求一个答案，我想更多还是因为极为契合的思维认知和职业价值观，这让我们从初次“认识”逐步发展为相互“认可”、彼此“认同”。

世平是一位可信赖的兄长，也是我珍惜一生的挚友。

至情至精致远，学生心中“万能的袁导”

——袁世平申报第十届全国高校辅导员年度人物事迹材料

/ 袁世平 /

个人简介 袁世平，男，汉族，硕士，中共党员，1976年2月出生，辽宁营口人，现任中南大学湘雅护理学院党委副书记，负责全院学生工作。2000年7月留校从事辅导员工作，先后带过4届学生，兼任分团委书记12年，累计带班112个、学生人数4000余人，累计指导、培养团学会学生干部1000余人；曾获全国第三届辅导员职业能力大赛华中赛区一等奖、湖南省社会实践优秀指导者称号、湖南省第三届高校辅导员职业能力大赛一等奖、全国第三届辅导员职业能力大赛优秀奖、中南大学第三届模范辅导员称号、中南大学“管理育人”先进个人称号。

工作情况 他18年坚守立德树人一线，以价值塑造为引领，以至情至精为两翼，精细服务学生全面发展，深度融入学生成长全过程，将大爱写进学生心里，是学生心中“万能的袁导”，中新网曾予以报道。他注重思想引领，创建“1+1+2+1”学生党建新模式，累计为5000余人次主讲党课和形势政策课。以学生为中心，对所带4000余名学生情况了然于胸，担任学院党委副书记后仍坚持与每位学生谈心谈话，甚至为信守约定错过爱子出生陪护，精准助力55名特殊问题学生健康成长。他作为核心成员创建学生工作研究所，助推工作创新发展，获教育部首批辅导员精品项目。他推动创立学生工作委员会，构建全员育人体系，近4年筹集学生资助金600余万元。他培养了捐献骨髓的“最美新娘”刘子健、大二出版《红心向党》的柴小桠等一批优秀学生。

至情，把爱写进学生心里

2014 年 6 月，在中南大学毕业典礼上，时任校长张尧学在讲话中说道：“铁道校区有一名辅导员，被学生称为‘万能的袁导’。”那天他是作为教师代表在毕业典礼上发言的辅导员，发言全程他情不自禁，数度哽咽。对面看台上他即将毕业的 600 多名学生也情不自禁站起来听完了全程，多次报以热烈的掌声。回到看台后，他被学生们高高地抛了起来。当天的中新网报道：“中南大学辅导员袁世平挥泪告别毕业生”。

用爱记住学生的名字，他坚持了 18 年。他能走近学生、走“进”学生、了解学生。他 2000 年刚参加工作，一个人带 18 个本科班 648 人，6 点 30 分带学生跑早操，7 点 30 分到课堂查自习，下午 5 点 30 分在运动场和学生一起打球，晚上 7 点到寝室催促学生去自习，晚上 9 点 30 分又到寝室去和学生聊天，甚至一起打扑克。一个月下来，他在路上见到任何学生，都能喊出名字。他在担任湘雅护理学院党委副书记之后，坚持与每位学生深入谈心谈话，他在学生毕业时能喊出每一个学生的名字。2013 级学生毕业晚会上，他用仿古文的形式写了一篇文章，详述了他与每一个学生第一次接触的情景和事情，感动了在场的每一个人。

同样的爱感动了他，他打动了学生。他刚参加工作时，一个连续留了两次级的“游戏成瘾”学生留到了他带的年级。他在读大学的时候，就听说过这个比他仅低了两级的“大名鼎鼎”的师弟。一天中午，该生的父母来找他，想委托他帮助小孩交学费，因为他们怕钱放在小孩手里，又会被拿去打游戏了。该生父亲打开手里提着的一个很大的旧书包，把“一兜子”钱倒在了他床上，他惊呆了：“大多都是五十块、二十块、十块面值的，很多钱都是皱巴巴的。”钱数完了，还差一百块钱，该生父亲很无助，站在那里不知道怎么办好。他瞬间觉得被电击了似的，含着眼泪说：“剩下的一百块钱我补了，我一定帮你们把学费交了，这里还有两百块钱，当作你们回家的路费。”那一天，他暗暗发誓：“一定要让该生顺利毕业。”从此，他像“膏药”一样粘着该生，不到一个月，该生对他说：“你是不是觉得我留了两级就瞧不起我，你干吗天天盯着我?”他愣了半天不知道该说什么。他回到自己寝室后，想了很久，知道是自己用错了方法，一个人的习惯是不会轻易改变的，于是他给该生写了封长长的道歉信。之后，他找了两个学习习惯非常好的学生，让他们在晚自习之后陪该生在寝室里打游戏，但不允许该生到网吧去玩。有时候，晚自习之后，他会到寝室检查，会故意当着该生的面和几个学生打几盘游戏。他悄悄查到了该生的生日并在该生生日那天，安排同学在寝室给该生举办了一个派对，然后让该生尽情地去打游戏。就这样，他走进了该生心里，该生慢慢地尝试好好学习。过程很缓慢，中间几经波折，到了快毕业时，该生仍有一门功课挂科。整整四年，他终于顺利毕业了，也找到了工作。学生高兴了，他却偷偷地哭了，他对自己说："这个学生的父母有希望了。"这个学生临走时，他反反复复叮嘱的是："一定要好好工作，一定要好好孝顺你的父母。"

出于对学生的大爱，关键时刻他做了痛心的选择。2017 年 11 月 23 日，本是医院定下的他夫人剖宫产的日子，但因为当天下午有家学生心仪的知名单位到学院面试招收学生，为了向该单位推荐他的学生，他与医院协商将手术的日子定在了第二天。面试当天，他极力向单位推荐他的学生，承诺自己会给单位提供力所能及的最好服务，希望该单位能多招几个学生。第二天中午，夫人已经进了产房，在外面焦急等待的他突然接到该单位人事科打来的电话，只给他一个小时的时间，需要他将前一天参加面试的学生详细信息统计出来发给他，因为该单位将在一个小时后召开院务会讨论录取学生情况。他有过片刻的犹豫，因为如此短的时间内要统计如此多的信息，只有他自己才能按质按量完成。学生的基本信息在他办公室电脑里，学生的个人"特长"信息在他心里。他想："反正还有时间，快点弄完，回来还来得及。"那天中午，别人在路上见到的是他一路狂奔的身影。用人单位很满意他提供的信息，一次性确定录取他 28 名学生，是往年的 3 倍。回到医院，他的爱子已经平安出生，喜悦暂时掩盖了他的遗憾。之后 3 个月，他白天正常上班，晚上坚持自己带小孩来弥补遗憾。一个细心的同事很奇怪地问道："一件大喜事，他本应更加神采奕奕，怎么日渐憔悴了？"

不变的爱，不变的袁导。他带的学生基本都称呼他为"袁导"，慢慢地，其他院的学生也喊他"袁导"。2014 年 6 月，他到湘雅护理学院担任党委副书记，不久便成为全院学生喜欢的"暖男书记"，但学生仍喊他"袁导"。

袁导不仅仅是袁导，他还扮演过多种"角色"。

——一名“重关生”[①]复学报到，他自己开车到车站去接学生的袁导；

——近4年时间光是个人手机上的聊天帮扶记录就有近10万字的袁导；

——利用上下班时间，帮学生送材料到本部的袁导；

——给学院近2/3学生当过司机的袁导；

——帮学生搬行李，手磨出血泡的袁导；

——冒着大雨给学生礼仪队借服装，用雨伞护住服装，自己被淋透的袁导；

……

至精，做育人良方的积极探索者

多年的实践和经验积累，用心，用情，用行，他形成了自己独特而有效的工作方法。2012年《长沙晚报》以“最牛辅导员是怎么练成的?”为题专版报道了他的事迹。

为学生骨干插上“理论之翼”，助力学生骨干成长。2006年起，他作为主要成员参与创建了在全国高校乃至全国高校二级学院都称得上是创新性首创的“学生工作研究所”。学生工作研究所通过实行“虚拟导师制”，开设“学生工作论坛”，承担“思政和管理科研专项课题”，设立“论文发表专项资助经费”等措施，为学生干部理论研究和实践探索能力提升搭建了平台。学生工作研究所连续6年举办论坛，共征集论文1000余篇，汇编了6本论文集。他作为主要负责人，做了大量卓有成效的工作。2013年，学生工作研究所获得首批“教育部辅导员精品项目”。

探索学风建设有效载体，成立“大学生科技能力培养中心”。他创造性地用大学生科技、学科竞赛，引领学生培养良好学风，鼓励学生努力学习，所带年级学生每年在国家级、省部级各类科技、学科竞赛中获奖近百项。他作为主要完成人参与土建类创新性本科专业人才培养体系的研究与实践，参与项目总体规划和组织实施；负责特色人才培养的日常管理；注重学生能力培养，创新学生工作模式，努力提高学生综合素质，培养拔尖创新专业人才。该研究项目于

① 重点关注学生。

2008 年获得省级教改课题二等奖。

他于 2014 年 6 月到湘雅护理学院任党委副书记，针对学生专业信心极其不稳定的情况，提出做充满“爱”的教育，让每一个学生都有出彩机会的工作理念，打造“有爱”“友爱”“爱心”“爱美”的出彩氛围。学生活动精彩纷呈，全院师生热情高涨，有效加强了学生与学科的联系，大大地增强了学生的归属感、参与感和自豪感，学生的面貌焕然一新。一个学生在个人朋友圈里这样说道：“以前别人问我学什么专业。我笑而不语，现在别人问我学什么专业。我笑着回答——湘雅护理。”2016 年 6 月，《当代护士》杂志报道了学院学生工作取得的成绩。

理念和实践的不断探索，他的专业能力不断提升。他有敏锐的洞察力，能见微思著。他能从一条学生的微信状态判断出该生家庭条件困难但本人自尊心强，所以不会主动申请助学金，一查记录，该生果然没有申请助学金；能从一个每天都发正能量满满的状态学生的朋友圈，发现她心中的自卑和巨大的压力；他能发现一名学生突然长时间没有发状态，判断该生遇到“大麻烦”了。他很巧妙地解决了这些学生的问题。面对学生危机事件，他用冷静和能力化险为夷。他一边让学生家长不动声色，偶尔给手机即将没电的学生发条“拉家常”信息，一边联系到衡山山顶派出所帮忙，驱车数十里，成功救下一名准备采取“极端行为”的抑郁症学生。他守护两年，帮助该生顺利毕业。

他的工作方法独特，能精准施策。线下工作失效后，他以陌生人的身份加了学生 QQ，倾听、陪伴了学生 3 个月，让家中出现了很大变故，郁郁寡欢、成绩骤降的学生重新振作起来。该生后来被保送攻读硕士研究生，又被国家留学基金委公派出国攻读博士学位。

成功劝说一个申请退学的学生留级后，他用信任和尊重唤起他的努力。一天，一位家长带着她的小孩来办公室咨询怎么办理退学。他了解了一下情况，发现这个学生虽然成绩很差，达到了退学警示的红线，但完全可以申请留级，不需要退学。他问：“为什么不办留级?”家长回答：“我用尽了所有的方法，他就是不学习，我彻底失望了。”通过了解情况，他发现是家长长期的教育方法有问题，学生的心理已经变得很叛逆。他对家长说：“办理留级吧，留级后正好是我带他，但我有一个条件，半年内你不能再管你的小孩，交给我来管。”半年的时间内，该生很多门考试没有通过，甚至有的考试直接旷考，家长找上门来质疑。他心里却有底了，因为他已经确定该生的习惯已经被他纠正过来了，后来的一年半时间里，该生通过重修和补考补回了50多个学分，顺利毕业，并被一家以研究生为主的设计院录取。

致远，做学生价值塑造的“引路明灯”

大力加强学生社会主义核心价值观教育，引导学生树立正确观念。他开展大学生社会主义核心价值观培育和践行方法研究，撰写调研报告，以理想信念教育为核心，策划、组织“梅岭经世论坛”，参与人数达3000余人次。他创建“1+1+2+1”学生党建工作模式，即1名党委委员+1个教职工党支部+2个研究生党支部+1个学生党支部联动开展工作，使学生党建工作有特色、有传承。他开展党员师生共读红色经典读书会，学生党员“亮身份，见行动，当先锋”，“学思践悟 知行合一——师生党员深悟党的十九大精神”等活动；提高学生党员的政治意识，帮助学生党员深刻理解习近平新时代中国特色社会主义思想蕴含的丰富内涵，着力发挥党员先锋模范作用和党支部的战斗堡垒作用。他坚持给学生讲党课和形势政策课(累计参与学生人数5000余人)，言传身教，坚定学生信仰，引导学生坚定“四个自信”，努力成为新时代“三有”青年。

引领学生学以致用，服务社会。利用挂靠在学院的“中南大学健康护理研究中心”，结合学生专业特点成立中南大学大学生健康服务基地。基地有一个急救协会、一门急救知识全校性选修课、一门辅导员精品课程、一个微信公众号“健康中南”，坚持开展线上线下特色服务，包括健康知识名家讲座、校内外科普知识宣传、校内外志愿者服务等。在科普宣传、科普知识研究与推广等领域，形成了一系列颇受校园师生和社会大众喜爱的、具有一定社会影响力的特色科普平台。仅两年时间，中南大学健康护理研究中心在全国第十七次社会科学普及工作经验交流会上，被授予“全国社会科学普及教育基地”荣誉称号。

他的学生“心中有党”。2016年5月，他的大二学生柴小椏将自己曾写过的思想汇报以及部分习作集结成册、付梓出版，取名为《红心向党》，在学院庆祝建党95周年座谈会上向学院捐献了此书，并在2016年中南大学新党员入党宣誓大会上作为新党员代表发言。2017年，柴小椏被评为“湖南省百佳大学生党员”“湖南省优秀共青团员”，并在中南大学新生开学典礼上，作为老生代表发言。他带的大四学生党员任安霁，被评为“中南大学优秀共产党员标兵”——是学校首次获得此项荣誉的本科生。他近三年所带学生踊跃自愿报名参军，经选拔有 5 人最终如愿献身国防事业，其中刘芳同学在部队荣立“三等功”。

他的学生“胸中有爱”。别人评价他带的学生有“三个特别”：特别能吃苦、特别能战斗、特别重感情。2000 级学生柴喜林，自己成立的公司才刚刚起步，在业内还名不见经传，就给母校捐款 500 万元，设立学生奖助学金。学生党员刘子健和她的丈夫都是他的学生。2010 年，刘子健推迟婚期，捐献骨髓救下一名素未谋面的患者，事迹被中央电视台“道德观察”栏目播出，感动了无数人。

教育是充满爱的事业，辅导员工作要把爱倾注到学生身上。他说：“自己是一个平凡的辅导员，但因为在从事立德树人的伟大事业，所以不敢有丝毫的懈怠。”全国高校思想政治工作会议的召开后，他备受鼓舞，不断加强自身学习，勤勉工作，希望用更好的自己来面对他最爱的学生、来面对这份最神圣的工作。

（本文为笔者参评 2018 年全国高校辅导员年度人物的个人事迹材料）

立德树人十四载，严管厚爱育英才

——沈菲申报第十届全国高校辅导员年度人物事迹材料

/ 沈 菲 /

个人简介 沈菲，男，汉族，中共党员，1981年10月生，传播学硕士，思想政治教育专业博士研究生在读，讲师；2004年7月起留校从事学生辅导员工作，现任南京师范大学新闻与传播学院党委副书记、2014级本科生辅导员、学生党总支书记。

工作情况 他真情投入、严管厚爱，用自己的热情、激情与活力，点燃每一个学子的梦想与未来；他真心付出，无私奉献，用自己的智慧、能力与汗水，彰显高校辅导员的价值与作用；他用十四年的时光，在立德树人的道路上默默付出；他把职业化、专业化、专家化的发展道路作为自己的奋斗目标，潜心耕耘，硕果累累；他说成为学生成长的知心朋友和人生导师，是他不断追求的事业方向。

职业先锋：立德树人有宽度

同事常常戏言，沈菲是一个“有故事”的人，他的辅导员生涯就是一个不断解答各类题目的“故事集”。

2004年，作为南京师范大学广告学专业的首届毕业生，拥有丰富校内外实习实践经历的他，放弃了进入省级媒体工作的机会，留校做了一名辅导员。如果说这道“选择题”的故事还多少显得有些俗套，那么2010年发生在他身上的“故事”却显得极为独特。那时沈菲已转学院专业教师岗一年时间，因为学工队伍人手不足，他在专业教学之余，那一年里依然兼任学生辅导员工作。在“双肩挑”一年之后，沈菲做出了让所有人吃惊的决定，申请转回学生辅导员岗位工作。

回想这段“独特”的经历，他笑着说自己这次完成的是一道“改错题”。工作五年后转岗主要源于惯性思维(最初为“2+3”模式留校，工作五年后可转专业教师岗)，实际上缺乏系统的职业生涯规划与分析。而在“转岗未离岗”的这一年，他对职业方向有了更为全面而理性的思考，自己的兴趣、能力、性格、价值观让他最终选择扎根辅导员岗位。

顶着别人不理解的目光，他重新“回归”辅导员工作。时至今日，作为行业稀缺个案，他并不认为这段经历有任何“崇高”之处。他说，希望自己的这个“故事”，能让更多年轻的辅导员老师充分认识到这份职业的责任感、使命感和获得感，在职业化、专业化、专家化的职业道路上走得更坚定、更踏实。

在完成“选择题”和“改错题”后，沈菲开始蓄力思考并解答“高校辅导员职业能力发展”这道更为宏大的“论述题”。2015 年，经过近两个月的层层比拼，他以丰富的工作经验、扎实的理论功底、过硬的职业能力和良好的心理素质，斩获 2015 年第四届全国高校辅导员职业能力大赛华东赛区一等奖和全国决赛一等奖；2016 年，他的论文《新媒体环境下高校辅导员做好宣传思想工作的角色定位》获得“2016 年度全国高校辅导员工作优秀论文评选”一等奖；2017 年，他入选江苏省“学习宣传贯彻党的十九大精神——高校优秀辅导员‘校园巡讲’和‘网络巡礼’活动”宣讲团，并以“青春中国：勇做时代的弄潮儿”为题，结合自身成长经历，与江苏省内多所高校学子分享了学习党的十九大报告的心得，反响热烈。

在“东方最美丽的校园”里，沈菲用自己的热情和汗水，积极践行高校辅导员立德树人的使命。他是学校辅导员精品项目“菲同一班”主题班会工作坊的主持人，致力于推动主题班会研讨和实施机制体系化、科学化；他是学校年轻辅导员的成长导师，义务为研究生兼职辅导员和报考高校辅导员岗位的同学举办职业能力培训讲座；他坚持每年在全校范围内开设大学生职业生涯规划讲座 10 余场，累计受众 5000 余人，让更多学子明晰人生奋斗的方向与目标。

而在更为宽广的时空维度里，他则用自己丰富的人生体验和职业积淀，努力让更多的同行感受到这份职业的魅力与使命。近年来他受邀为海南省教育厅、浙江大学、电子科技大学、扬州大学等单位开设辅导员职业能力讲座 20 余场，两次担任全国高校辅导员职业能力大赛复赛评委，入选为江苏省高校辅导员职业能力大赛命题组、培训组成员，并作为高校辅导员代表参加江苏省高校思想政治工作会议。全国高校思想政治工作会议和党的十九大召开后，他的学习体会两次在中国高教学会辅导员研究会官方微信公众号“高校辅导员”刊发。

知行合一：实践育人有深度

沈菲认为，新时期大学生思想政治教育工作取得成效的关键是要坚持“因事而化、因时而进、因势而新”的总体原则。在十多年的工作实践中，他始终坚持三条标准：一是充分掌握学生个体信息，努力走入学生内心深处；二是研究学生审美诉求，创新载体、内容和形式，让思想政治教育入耳入脑入心；三是密切联系“两个课堂”，将“学工”与“教学”从“两张皮”变为“双面胶”。

多年来，他坚持每天与1~2名同学面对面交流，同时通过多种新媒体平台与学生实时沟通，“线上+线下”的沟通交流不但消除了他与学生之间的距离感，而且便于他及时地了解学生的思想动态。他较早尝试用第三方软件建立学生电子档案，及时更新个人信息、特长爱好、任职情况、学校荣誉、奖助学金、学业记录、校园实践、专业实践、科研情况、组织培养、生涯规划、谈话记录、重点追踪13个维度的信息，输入检索关键词，就可以随时在手机、电脑等终端查询学生信息与谈话内容，学生四年个性化成长轨迹清晰可见。在学校职能部门的鼎力支持下，这一模式得以推广，现已通过系统开发，形成覆盖全校的学生“大数据中心”。

他通过载体创新、内容创新、形式创新，策划组织了一系列思想政治教育主题活动，取得了良好成效。他组织学生进行“未来记者职业操守大讨论”，将思想政治教育与意识形态安全教育、职业操守教育相融合，多年来已成为学院思想政治教育的保留项目；他带领学生参加纪念红军长征胜利70周年“薪火长征路”行动，徒步重走金沙江、泸定桥，铭记历史，不忘初心；他策划开展“南京师范大学新闻发言人大赛”，活动形式新颖，话题紧扣热点，现已成为校园品牌文化活动；他参与发起江苏省传媒学科研究生论坛，目前已成功举办4届，参会人数逐年攀升，影响力已从省内辐射至全国；他在院学生党总支中推出“发挥学生党员‘五员’作用，建设服务型学生党总支”党员主题教育和“三思·三学·三争·三创”支部教育工作法，分获江苏省委教育工委最佳党日活动评比一等奖和全省优秀思想政治教育工作案例。

所谓“知行合一”，大抵能概括新闻传播学科的应用型特点。多年来，沈菲一直致力于推动人才培养过程中学工与教学的联动协作机制，致力于打造创新传播技能的培训平台、传媒创意产品的开发平台和传媒实践服务的支撑平台。他策划开展本科生专业风采展——“学院奖”评审活动，通过课程作品评比，以评促学、以评促教、以评促改；他通过学工新媒体矩阵建设，打造网络思想政治教育和传媒创意产品的开发平台，“梦回随园，时空交错中的南师记忆”微信推送阅读量“100000+”，“那五那四那青年”微视频等作品在“全国大学生网络文化节”评选活动中获奖；他组织团队竞标成功南京青奥会 OBS(奥林匹克转播服务公司)实习生项目，为在校学生搭建传媒实践服务的支撑平台，组织带领 120 余名学生深度参与青奥会电视转播工作，实习团队得到青奥组委会和 OBS 外方负责人的高度评价。

因材施教：爱心育人有温度

工作 14 年来，沈非愈发感受到高校辅导员工作责任重大、使命光荣。对于新加入队伍的同事，他常说，面对每一个学生，我们所说的每一句话、所做的每一个决定，也许只是我们每天工作内容的几十分之一，但对于每一个学生个体和他背后的家庭来说，是他们的全部。学生工作无小事、无死角、无边界，我们不仅要有工作热情，而且还要充分地掌握工作技能和方法，更要有一份强烈的责任心。

“我们的工作是为每个学生提供一把打开他们心房的钥匙，而不是去配一把万能钥匙。”这是沈非对辅导员工作的定义，“辅导员不能用一个固定模板去对待不同特质的学生，而是要因材施教，进行有温度的教育”。刚工作时，他努力想树立自己在学生中的“权威”，可偏偏事与愿违，一名男生总和他唱反调。“当时第一反应就想好好‘治治’这个调皮的学生。但无意中得知他的桀骜不驯、不善沟通，甚至他的逆反与敌意都来源于家庭的不幸，我开始尝试着去接近他、倾听他、理解他、关心他，挖掘他的长处。”当年调皮的学生现已是一家广告公司的创意总监，棱角和个性依旧，在谈及这位如兄长一样的老师时，他感激地说：“感谢沈老师当年没有强行把我修剪齐整，让我在背道而驰的道路上越走越远。”

常说伯乐难求，而沈非却在十多年里成了无数学生的伯乐。2006 年，在“薪火长征路”途中，他与担任活动摄像的杨波同学彻夜长谈，得知他想拍摄一部反映大学生就业问题的电影，却苦于没有资金支持和专业指导。此后，沈非不断与他沟通电影剧本的创作方向，联系专业老师给予指导，并积极筹措资金、联系场地。毕业前夕，杨波自编自导的中国首部大学生就业题材影片《学士街 303 号》成功面世，《文汇报》《扬子晚报》等多家媒体报道。如今，杨波已是江苏电影股份有限公司副总经理，最近投资的《红海行动》大卖，“没有沈老师当年的支持，就没有我如今的职业生涯，我永远感激他”。

2009 年，沈菲接手新生年级。开学不久，他发现来自湖南浏阳的程卫同学衣着单薄，每天的伙食费不足 10 元钱。此后，沈菲一直在学习、生活上关心这个小伙子，积极为他争取学费减免、贫困补助，帮他申请学生助管工作，不断培养他的综合能力。沈菲坚信，帮助贫困学生最好的方式，是提升他们未来的社会竞争能力。两年后，程卫同学不但学习成绩出色，还担任了学院学生助理团团长和学校学生会办公室主任。毕业后，程卫选择了自主创业，目前已是湖南新青年文化传播公司的老板，有 100 多名员工。程卫每次来南京，都会回学校看望沈老师，“在我眼里，沈老师就像是不断给予学生温暖，不断给予他人正能量的向日葵”。

《新华日报》《江苏教育报》先后以“‘青春摆渡人’，几多苦与乐”“这份爱是身体里的习惯”为题，报道了沈菲爱心育人的事迹。

“无穷的远方，无数的人们，都与我有关。”这是鲁迅先生的时代呐喊，也是沈菲的座右铭。沈菲动情地说：“辅导员老师的诗和远方，就是千千万万学子的现在和未来。过往的岁月，因为有了你们的一路追随，我们青春无悔；未来的日子，目送你们投身于伟大的时代征程，我们人生无憾。”

（本文为笔者参评 2018 年全国高校辅导员年度人物的个人事迹材料）

袁世平申报第十届全国高校辅导员年度人物现场答辩发言稿

/ 袁世平 /

尊敬的各位评委：

我是 2 号答辩者，我汇报的题目是“做充满爱的教育，让每一个学生都有出彩的机会”。

教育是立德树人、充满爱的事业。2000 年至今，我从事辅导员工作 18 年了，初心不改；围绕学生、关照学生、服务学生，把爱写进 4000 余名学生心里；坚持立德树人目标，让每一个学生都有出彩的机会。

2014 年学校毕业典礼，我是多年来第一个作为教师代表发言的辅导员。时任校长在讲话中说道：“刚才发言的辅导员，被学生称作‘万能的辅导员’。”当天的中新网报道《辅导员某某洒泪告别毕业生》。18 年辅导员工作，泪水好像一直伴随着我。

刚参加工作时，一个连留两级的学生父母来到我的住处，衣衫褴褛的他们把一书包的钱倒在我的床上，委托我给孩子交学费，当我看到那一堆皱巴巴的满是十块、二十块的钱时，我再也控制不住自己的泪水。我发誓一定要帮助他，四年我用尽了方法，帮助这个学生毕业了，找到工作了，我又一次流下了激动的泪水，我为一个和我父母一样的父母终于有了希望而流泪。第二届学生毕业晚会结束时，学生们齐刷刷地站在礼堂，目送其他老师离场却把我留下来，他们排队走出礼堂后站成两列，一边和我握手一边哭，此时我也哭了。第三届学生毕业时我很想坚强，但是几个即将离校的学生，抱着在学校读研的学生说：“我们走了，你们要好好照顾辅导员。”我又流泪了。第四届学生毕业，我与三名学生一起创作了一个诗朗诵作品：《不抛弃，不放弃》。他们三个人中一个曾患重度抑郁症，一个本想退学，出去打工一个月后又回来读书，一个每个学期都要打一架，差点被开除。谢幕时，他们三个人紧紧抱住我，我们四个人抱头痛哭。

眼泪过后，更多的是欢笑。

当我作为主创人员首创的“学生工作研究所”获得首批“教育部辅导员精品项目”培养了1000余名学生干部时，我开心地笑了。

当我作为主要成员探索学风建设有效载体，成立“大学生科技能力培养中心”，用学科竞赛引领学风，所带年级学生每年在国家级、省部级各类竞赛中获奖近百项时，我满意地笑了。

当我带的毕业生推迟婚期，捐献骨髓救助一名素未谋面的患者，事迹被中央电视台“道德观察”栏目播出时，我感动地笑了。

当我带的学生心中有党，大二就出版《红心向党》一书时，我自豪地笑了。

当我带的学生心中有爱，自己成立的公司才刚刚起步，就给母校捐款1500万元时，我会心地笑了。

初到护理学院任党委副书记，面对都是专业被调剂，专业信心极不稳定的学生，我推动成立学院学生工作委员会，构建学院“三全育人”氛围，坚持与每位学生谈心谈话，我可以叫出每一位学生名字。近4年筹集学生资助金600余万元，借助各方力量改变学生认知，提升学生自信，学生的面貌焕然一新，学生们说“以前别人问我是什么专业的，我低头不语，现在问，我都是笑着回答”。我引领学生学以致用，服务社会。首创的大学生健康服务基地被授予“全国社会科学普及教育基地”称号，为学院第四轮学科评估获评A+学科做出了贡献。

现在我已过不惑之年，总该淡定了。2017年夫人生二胎已经推进了手术室，正在外面焦急等待的我突然接到用人单位的电话，我立刻跑到办公室去加班，我以为医院离办公室不远，来得及赶回去，结果……家人沉浸在小孩出生的喜悦中没有怪我，我又偷偷地哭了，我分不清是喜悦还是内疚。

18年辅导员生涯，我认为辅导员工作是事业，因为有培养新时代“三有”青年的重任在肩；辅导员工作是享受，因为在推进“三全育人”的过程，会收获无数的快乐；辅导员工作是学问，因为在践行“三因”理念中，我们不断探索。我将不忘初心，继续前行，谢谢大家。

（本文为笔者在第十届全国高校辅导员年度人物现场答辩会上的发言稿）

沈菲申报第十届全国高校辅导员年度人物现场答辩发言稿

/ 沈　菲 /

尊敬的各位评委老师、各位辅导员同仁：

大家下午好！

非常感谢教育部思政司和辅导员研究会给我们提供这样一个机会，总结回望自己或长或短的辅导员职业生涯，也说说自己的心里话。

2004 年，我放弃进入省级媒体工作的机会，留校做了一名辅导员。这样的选择并不稀奇，但到了 2010 年，我的选择却显得有些独特和另类。那时我已转学院专业教师岗一年时间，因为学工队伍人手不足，在专业教学之余，这一年里我依然兼任学生辅导员。在“双肩挑”一年之后，我做出了一个让所有人不解的决定，申请重新转回学生辅导员岗位。

这段“转岗未离岗”“转岗又回岗”的经历，让我觉得自己完成的是一道“改错题”。每个人的职业生涯都会经历一个茫然期，在想明白自己喜欢做什么、适合做什么之后，就不会后悔自己的职业选择。

此后，我便开始思考解答“高校辅导员职业能力发展”这道更为宏大的“论述题”，其间也取得了一点小小的成绩：2015 年，获第四届全国高校辅导员职业能力大赛全国决赛一等奖；2016 年，获“全国高校辅导员工作优秀论文评选”一等奖；2017 年，入选江苏省高校辅导员十九大宣讲团。

14 年职业生涯，不长也不短。无论是选择题、改错题还是论述题，我努力探寻的都是一条辅导员职业化、专业化、专家化的发展道路。借此机会，我也想把自己这些年来思考践行辅导员“三化”的一些粗浅体会向各位专家简要汇报。

我对“职业化”的理解是辅导员不仅要做“运动员”，还要做“教练员”，不仅要苦练内功“比赶超”，还要尽己所能“传帮带”。我担任学院党委副书记后，除继续担任年级辅导员外，还致力于提升团队的职业化水平。此外，对于新入职辅导员、研究生兼职辅导员和报考辅导员岗位的在校生，我也要求自己做到“有求必应、知无不言”。我想即便我能做的微不足道，但只要大家都来做这件事，我们立德树人的事业就能接力前进。

我对“专业化”的理解是辅导员不仅要做“警报器”，还要做“净化器”。满足于事务型工作或“救火队员”的角色，会让我们疲于奔命，催生职业倦怠。在不同社会思潮交流交融交锋的背景下，帮助学生明白“信什么、做什么、怎么做”，是新时代交给我们的新课题，也是我们责无旁贷的使命。在这个看不见硝烟的战场上，我们辅导员绝对不能缺位。

我对“专家化”的理解是辅导员不仅要做“打字机”，还要做“复印机”。我们不仅要常思常动笔，而且要不断提升自己的学术研究水平，形成可复制、可传播、可推广的思政研究成果。坦率地讲，过去这方面我是有欠缺的。但是，工作论文获奖给了我信心，考取思政博士给了我机会，未来我想把“高校意识形态安全教育”作为主要的学术研究方向。

有很多话想说，但时间有限。鲁迅先生有一句名言，叫“无穷的远方，无数的人们，都与我有关”，我将它视为座右铭。与我有关的是千千万万学子的过去、现在和未来。过往的岁月，因为有了他们的一路追随，我的青春无悔；未来的日子，目送他们投身于伟大的时代征程，我的人生无憾。

（本文为笔者在第十届全国高校辅导员年度人物现场答辩会上的发言稿）

做充满爱的教育，让每一个学生都有出彩的机会

/ 袁世平 /

辅导员个人既要有情义也要有情怀

辅导员面对的是一个个学生个体，做的是人的工作，只有有情有义，围绕学生、关照学生、服务学生，真正地走进学生心里，才能成为学生的知心朋友，才能开展有效的思想政治教育工作。同时，辅导员工作又不是简单的服务、管理工作，要引导引领学生，承担立德树人的神圣职责，肩负为社会主义事业培养合格建设者和可靠接班人的重任，没有情怀，是做不好这份工作的。2000 年 7 月，我刚参加工作，一个人带 18 个本科班共 648 人，一个月下来，在路上见到任何学生，我都能喊出名字；担任湘雅护理学院党委副书记之后，我坚持与学生深入谈心谈话，学生毕业时我能喊出每一位学生的名字；2013 级学生毕业晚会上，我用仿古文的形式写了一篇文章，详述了我与每一位学生第一次接触的情形。今年 2014 级学生毕业，我坚持每天写一篇毕业寄语，一个月时间，我坚持不从网上摘抄一个字，以自己的经历和思考，引导学生走好未来的路。其间，有一次我发烧到近 40 度，躺在床上，不能动弹，但是当体温稍微降下来一点后，我做的第一件事情就是写好了毕业寄语发到学生群里。2017 年 11 月 23 日，本是夫人生产医院定下的夫人剖宫产的日子，但因为当天学生最心仪的湘雅医院到学院面试招收学生，为了向湘雅医院推荐学生，与夫人生产的医院协商将手术的日子定在第二天。第二天中午，夫人已经进了产房，在外面焦急等待的我突然接到用人单位打来的电话，我还是选择跑回办公室加班。当我返回医院时，小孩已经出生。这么多年来，和学生之间的情义伴着我跋山涉水，

回首 18 年的工作经历，更是一份情怀给了我不断前进的动力。

辅导员工作既要有温度也要有高度

辅导员工作面临最多的事情就是为学生答疑、解惑。我们有永远回答不完的学生问题，永远接不完的学生电话，我们的人要有温度，我们的话也要有温度，要能让学生感觉到温暖，让学生愿意向你靠近。我被学生称作“万能的袁导”，其实哪有什么万能。18 年，我坚持做到的就是：对学生的态度上始终保持着“温度”。一名“重关生”复学报到，我自己开车到车站去接人。近四年时间，光是个人手机上对该生的聊天帮扶记录就有近 10 万字。四年内，无论是接其电话还是与其聊天，我的语气中没有一丝的不耐烦。辅导员的工作内涵决定了我们的工作不能只有温度，更要有高度。今年 5 月 2 日，习近平总书记在与北京大学师生的座谈会上说：“大学是立德树人、培养人才的地方，是青年人学习知识、增长才干、放飞梦想的地方。借此机会，我想就学校培养什么样的人、怎样培养人，同各位同学和老师交流一下看法。我先给一个明确答案，就是我们的教育要培养德智体美全面发展的社会主义建设者和接班人。”习近平总书记的讲话精神是我们工作的方向，也是我们的工作必须追求和达到的高度，立德树人永远是我们工作的根本，理想信念教育永远是我们开展教育的核心，社会主义核心价值观永远是我们引领学生的方向。我带的学生中有心中有党、大二就出版《红心向党》、被评为“湖南省百佳大学生党员”的柴小桠，有心中有爱、推迟婚期、捐献骨髓的“最美新娘”刘子健，有心中有义、自己成立的公司才刚刚起步就给母校捐款 1500 万元的柴喜林，还有很多很多各方面事迹突出的学生，他们让我感动，更让我骄傲。

辅导员对学生既要有爱心也要有责任心

教育无他，唯爱与责任。教育是充满爱的事业，辅导员工作是爱的奉献，我们要热爱辅导员这份职业，更要发自内心地关爱每一个学生，光有爱心是不够的，我们更要有坚定的责任心，把学生培养好，让学生顺利成长。一个学生对于社会而言是几千万分之一，但对于一个家庭而言却是百分之百，我始终认为辅导员能改变学生的命运，进而改变一个家庭的命运，这既是我们面临的责任，也会让我们有无上的价值感。刚留校参加工作的我遇到了一个连续留级两次的学生，他的父母因担心他又把学费拿去打游戏来委托我交学费，面对衣衫褴褛的“父母”，一大书包的零钱，无助而又充满期待的眼神，控制不住眼泪的我，只有一个信念：帮助他毕业。我用整整四年做到了这一点……他现在很不错，他父母也很好。18 年来，我帮助过类似学生 50 余名，这一直让我很自豪。

回首 18 年辅导员生涯，我认为辅导员工作是事业，因为有培养新时代“三有”青年的重任在肩；辅导员工作是享受，因为在推进“三全育人”的过程中，会收获无数的快乐；辅导员工作是学问，因为在践行“三因”理念中，我们不断探索。辅导员工作需要个人努力，更需要形成合力，辅导员工作的属性，让所有的辅导员之间有一种天然的亲近感，我们有着共同的目标和话题。本次年度人物评选，我被评选为全国辅导员年度人物，我深感幸运，但我更幸运的是有机会认识那么多优秀的同行，和这些优秀的同行一起交流，感觉有说不完的话，更有自己平时怎么努力都得不到的收获。全国 18 万名辅导员，在习近平新时代中国特色社会主义思想的指导下，同向同行，形成合力，一定会产生共振效应，形成一股强大的力量。在这个伟大的新时代，我们引领青年大学生爱国、励志、求真、力行，切实做到有执着的信念、优良的品德、丰富的知识、过硬的本领，成为社会主义可靠的建设者和接班人，担当时代使命，书写人生华章。那么身为辅导员的我们，也就无愧于我们肩上的神圣职责与光荣使命，我们自己的人生之路，也会因为投身于这样一份伟大的事业而芳馨万里。

（本文是笔者获评第十届全国高校辅导员年度人物后撰写的工作感悟，于 2018 年 7 月在微信公众号“高校辅导员”“职业先锋”栏目发布）

无穷的远方，无数的人们，都和我有关

/ 沈　菲 /

“程卫你好，我已安全到达南京，飞机刚刚落地。”行前匆忙未及告别，在飞机上用手机敲下这些文字。

第一次长沙之行匆匆忙忙，却有太多感慨与感动。感慨时光飞逝，一晃你们已毕业五年，多少往事历历在目，多少面孔依稀如昨；感慨缘在其中，“全国高校辅导员年度人物”申报材料中我曾实名讲述你的成长我的陪伴，没曾想领奖之处是你家乡和创业兴业之地，对我是莫大眷恋与鼓励；感动当年“特别能吃苦特别能吃辣也特别不容易”的湖南穷小伙儿程卫（此处无贬义），如今已通过自己的努力，白手起家拥有百人公司千万资产；感动重情重义的程总百忙之中专程看望，还利用我仅有的半天空闲，带我领略橘子洲头品味湖湘文化；感动永远不知疲倦永远细致入微永远求知若渴的程同学，把公司架构、业务、文化、规划梳理得如此井井有条，看你公司员工面貌听你描绘未来愿景，我也心潮澎湃，期待你公司上市敲钟那刻。老师相信你一定能行，如同当年在校时一样！

最近我总是在想，辅导员这份职业的荣光到底是什么？是能力提升荣誉罩身，是领导认可同行仰视？长沙之行更让我确信，除了这些，你和你们的今天才是对我走过的昨天最好的回望与褒奖啊！

这是我在中南大学参加2018年全国高校辅导员工作现场会，领取“第十届全国高校辅导员年度人物”奖项后，从长沙返回南京途中写给2009级学生程卫的一封信中的节选文字。我不禁无限感慨，当年的贫困生，如今靠着自己的努力，事业越做越大。在校时作为辅导员，我给予他应有的关心帮助，多年后我在他的家乡获得这个行业的最高荣誉。这是缘分与眷顾，更是对我14年辅导员生涯的最好回望与褒奖。

回望来时路，我有三点深刻的感受。第一，感谢学校和领导支持我的职业规划与选择，让我有机会扎根辅导员岗位，践行我的职业理想。第二，感谢与我有过生命交集的每一位学生，让我有机会走入他们的内心世界，因材施教、因爱而生、彼此成就、共同进步。第三，感谢这个伟大的新时代，对这份立德树人的事业给予高度重视，为我们个人的发展搭建平台、指明方向，让我们有机会施展拳脚、奋斗青春。

关于自己：因为热爱，所以坚守

2004 年，我放弃进入省级媒体工作的机会，留校做了一名辅导员。坦率地讲，这样的“选择”并不稀奇，但到了 2010 年，我的选择却显得有些独特和另类。那时我已转学院专业教师岗一年时间，因为学工队伍人手不足，在专业教学之余，这一年里我依然兼任学生辅导员工作。在“双肩挑”一年之后，我做出了一个让所有人不解的决定，申请重新转回学生辅导员岗位。

这段“转岗未离岗”“转岗又回岗”的经历，让我觉得自己完成的是一道“改错题”。每个人的职业生涯都会经历一个茫然期，在想明白自己喜欢做什么、适合做什么之后，就不会后悔自己的职业选择。

此后，我便开始思考解答“高校辅导员职业能力发展”这道更为宏大的“论述题”，其间也取得了一点小小的成绩：2015 年，获第四届全国高校辅导员职业能力大赛一等奖；2016 年，获“全国高校辅导员工作优秀论文评选”一等奖；2017 年，入选江苏省高校辅导员十九大“双巡”宣讲团；今年，获评全国和江苏省高校辅导员年度人物。

十四载春秋更迭，两千余学子相伴。这些成绩的取得，源自热爱与坚守，得益平台与机遇。归根结底，是这份崇高的事业和这些年轻的生命，敦促我不能停歇，始终向前。

关于学生：因材施教，因爱而生

高校辅导员从事的是一份有温暖的工作，面对每一个学生，我们所说的每一句话、所做的每一个决定，也许只是我们每天工作内容的几十分之一，但对于每一个学生个体和他背后的家庭来说，却是他们的全部。学生工作无小事、无死角、无边界，要求我们不仅要有工作热情，还要充分掌握工作技能和方法。世界上没有两片完全相同的树叶，因此方法的核心就是充分做到爱心育人，因材施教。

辅导员应该是一名辛勤的园丁，因材施教，尊重差异。园丁最伟大的地方不是修剪掉不整齐的枝丫，追求一种病态的整齐，而是懂得让每一朵花儿次第开放。中学应试教育的无奈，父母“别人家孩子”的唠叨，早已让学生们疲惫不堪。到了象牙塔里，我们要有足够的耐心，平等地给他们合适的温度、湿度和养分。我们要允许花儿次第开放，迟开的花儿或许更美丽。

辅导员应该是一名专业的锁匠，因材施教，用心倾听。有一首歌叫《群发的短信我不回》。群发的短信我们为什么不回？是因为我们没有感受到那份独一无二的祝福。而所谓的万能钥匙显然也无法打开每一扇差异巨大的心房。所以，我们要用心聆听、用情感悟，耐心地打磨每一把独一无二的钥匙，走进他们的内心深处。

辅导员应该是一名出色的裁缝，因材施教，个性剪裁。辅导员应了解每一位学生，了解他们的性格、兴趣、能力、成长背景乃至学习方式，用心为他们制作每一件合乎身形、扬长避短的衣裳。这件衣裳有它独特的风格，也有爱的温度；这件衣裳能遮挡风雨、抵御严寒；这件衣裳不仅属于小天鹅，更属于每一个丑小鸭。

我们常说高校辅导员工作是一份良心活，需要我们用心用情地去爱学生，更需要我们把这份爱融入血液、植入基因，成为我们下意识的行为。天冷时提醒加衣，生病时呵护关心，困难时鞭策鼓励，迷惘时指点迷津。用父母之心、兄弟之情、师生之爱去温暖每一个年轻的生命，走入每个生命的内心世界，才能彼此成就、共同进步，才能让这份爱的事业焕发持久的生命力。

关于事业：致敬时代，践行“三化”

从全国高校思想政治工作会议的胜利召开，到《关于加强和改进新形势下高校思想政治工作的意见》《普通高等学校辅导员队伍建设规定》《高校思想政治工作质量提升工程实施纲要》等政策文件的相继出台，都给高校辅导员干事创业、成长发展提供了更高的平台与机遇，也更加敦促我们要坚定走好职业化、专业化、专家化的发展道路。

我对“职业化”的理解是辅导员不仅要做“运动员”，还要做“教练员”。运动员职业生涯短暂，而教练员则能利用知识和经验培养更多的优秀运动员。这就要求我们不仅要苦练内功“比赶超”，还要尽己所能“传帮带”。我担任学院党委副书记后，除继续担任年级辅导员，还致力于提升团队的职业化水平。此外，对于新入职辅导员、研究生兼职辅导员和报考辅导员岗位的在校生，我也要求自己做到“有求必应、知无不言”。我想即便我能做的微不足道，但只要有一定工作年限和积累的辅导员都来做这件事，我们立德树人的事业就能接力前进。

我对“专业化”的理解是辅导员不仅要做“警报器”，还要做“净化器”。我们不仅要熟练应对学生突发事件、预警学生各类危机现象，还要用党的创新理论坚定学生的理想信念，用心理健康知识消除学生的心理雾霾，用职涯规划理论扫除学生的发展迷惘，用网络媒介能力净化学生的网络家园。尤其是在不同社会思潮交流交融交锋的时代背景下，帮助学生明白“信什么、做什么、怎么做”，是新时代交给我们的新课题，也是我们责无旁贷的使命。在这个看不见硝烟的战场上，我们高校辅导员绝对不能缺位。

我对“专家化”的理解是辅导员不仅要做“打字机”，还要做“复印机”。我们不仅要常思常动笔，记录我们日常工作心得和学生发展点滴，还要在学生工作的某些领域具有较深厚的专业积淀，不断提升学术研究水平，将经验上升为理论，将做法提炼为制度，形成可复制、可传播、可推广的研究成果。坦率地讲，过去这方面我是有欠缺的，但是工作论文获奖给了我信心，攻读思政博士给了我机会，未来我也想把“高校意识形态安全教育”作为自己主要的学术研究方向。

鲁迅先生有一句名言，我将它视为座右铭，“无穷的远方，无数的人们，都和我有关”。与我有关的是千千万万学子的过去、现在和未来。过往的岁月，因为有了他们的一路追随，我的青春是无悔的；未来的日子，能够目送他们投身于伟大的时代征程，我想我的人生也一定是无憾的。

（本文是笔者获评第十届全国高校辅导员年度人物后撰写的工作感悟，于 2018 年 7 月在微信公众号“高校辅导员”“职业先锋”栏目发布）

02

第二篇

同向而行

高校共青团服务体系的构建

/ 袁世平 /

加强高校共青团建设的直接目的是加强团组织的吸引力、凝聚力、战斗力。服务青年是实现这个目的的根本途径，是做好党的青年群众工作的必然要求，是共青团组织特性的主要体现。服务青年才能代表青年、凝聚青年、激励青年。共青团为青年服务，就要为青年的根本利益服务。在改革开放和现代化建设的进程中成长成才，是当代青年根本利益的集中体现。切实为青年服务，就要增强团组织的服务功能，建立起完善的服务体系。新形势下，青年学生的思想发生了深刻变化，迫切要求高校共青团既要在政治上继续帮助他们成长，又要在了解学生的愿望和需要的基础上，最大限度地为青年学生的求知、择业、生活等方面提供多样化服务。这将成为加强团建设、推动团组织发展的切入点。因此，构建共青团服务体系要注意把握以下几点：

一是构建共青团服务体系必须以服务大局为前提。高校共青团的活动和建设，要服从党在学校中心工作的大局，全面贯彻党的基本路线，以党的创新理论武装团员、教育团员，围绕学校党委的重点工作、重大决策，结合大学生特点，生动活泼开展工作。同时，还要服务于学校教育体制的改革。高校共青团的活动领域比较宽泛，自身又具有统一的组织制度和相对完备的组织系统，可以带领青年学生在教育教学改革中发挥作用。

二是构建共青团服务体系必须为学生的健康成长服务，既要为他们刻苦学习、加强实践、奋发成才服务，也要照顾他们的具体利益和多元化的需求，如为大学生建立各种服务社团、活动阵地、活动基地等，为广大青年学生参加社会实践活动、科技活动、勤工助学及职业规划提供服务，提高他们适应社会、适应未来的素质与能力。

三是构建共青团服务体系，必须走社会化的道路。随着社会的不断发展和改革深化，共青团工作的社会化趋势日益增强。因此，要有效做好几个方面的工作。第一，要广泛开展各种社会活动，从事为社会提供服务工作的同时，也要为年轻大学生提供服务。比如，广泛深入开展社会实践活动，既服务了社会，也使大学生接触社会、了解社会、培养适应社会的能力。此外，应推行有偿的科技服务，既有助于为社会提供服务，同时又能为学生提供勤工助学的机会，促进其综合素质的提升。第二，要加强社会化网络建设，如在校外建立爱国主义教育基地、社会实践基地、大学生创业基地、社区服务基地、勤工助学基地等，建立庞大的社会教育网络。年轻学子通过这些基地，可以更深入地参与社会活动，培养社会责任感和创新能力。第三，要充分发挥共青团组织的优势，采取多种灵活措施，吸引社会力量对共青团工作的支持，以解决团组织活动经费的问题。社会化工作路径不仅能够为大学生提供更多发展机会，也能够使团组织充满活力和创造力。

大学生的政治素质、知识水平、科技能力、道德修养、文明素质等方面的表现，将会直接关系和影响到我国社会主义现代化事业的前景。新时期高等院校共青团组织的基本任务是努力提高大学生综合素质，培养他们成为新时代社会主义现代化建设事业的合格接班人。在我国由计划经济体制向社会主义市场经济体制过渡的新阶段，高校团组织应该根据社会发展对青年大学生的要求，紧密围绕党的中心工作，推动思想教育、科技活动、实践探索和文化传承的全面发展。我们应从以下几个方面努力，探索构建适应新时代的高校共青团服务体系，为青年大学生的成长发展提供支持。

一、突出思想教育功能，为培养新时代生力军服务

高校共青团组织必须充分发挥自身的优势，抓好青年大学生的思想教育阵地建设，为培养新世纪生力军服务。高校团组织的工作对象是大学生，他们的思想素质、政治理论都处在不同的水平，他们对思想政治方面的需求也是多层次的。这就要求高校团组织在以培养符合新时代要求的人才为目标的思想政治教育活动中，采取多层次、多形式的策略，确保思想政治教育取得实质性成效，促使年轻大学生更好地接受教育，健康成长。

实践证明，要在大学生思想教育工作中取得良好效果，就必须在研究思想教育的内容、方式、方法的同时，还要充分考虑大学生的心理因素。我们需要

认真研究并深入了解大学生在想什么，其兴趣爱好是什么，思想上需要解决哪些主要问题等，从而确定适合的工作方式和方法。这样才能确保思想教育内容深入大学生的头脑中，达到教育目的。过去常说，思想教育要合拍，除了要和党的教育方针合拍，也要和大学生思想实际合拍，使我们的思想教育，不只是牵着大学生走，更要激发他们自愿参与，唤起其内在的积极性，使我们和大学生在思想上达到同频共振。然而，这并不意味着我们要盲目迎合大学生的心理，而是要调动和激励大学生奋发向上的积极性。我们要时刻牢记，对大学生实施的思想教育，要寓教育于服务中，从学生的实际需要出发，推动大学生的思想转变，从而实现培养适应社会发展的优秀人才的根本目标。

二、抓好学生科技创新，为培养一流人才服务

当今时代，科学技术发展日新月异，以经济和科技为基础的综合国力较量日益激烈。实践证明，知识创新、科技发展和社会各项事业的进步，关键在人才，尤其是青年人才。高校是培养青年人才的摇篮，面对新世纪的机遇与挑战，高校共青团应以促进青年学生成长发展为己任，努力为青年学生的成长成才创造条件。

首先，在教育思想方面，要组织青年学生开展教育思想大讨论，积极参与学校的教育教学改革，引导青年学生转变思想，更新观念，增强竞争意识。当前，我国高等教育正处于变革时期，教育改革在全面推进，教育思想、体制、教学内容、方法等各个方面都在进行全面变革。作为变革的受益者，青年学生应以主人翁的姿态主动参与到这场变革中去。高校共青团更要在这场变革中发挥作用，为全面提高办学水平、提升办学质量、创建一流大学、培养一流人才做出应有的贡献。

其次，要广泛开展面向学生的科技学术活动。学生科技活动是在原第二课堂教育基础上的深化和提高，通过高校共青团的组织深化和拓展而来。在当前社会主义市场经济大潮中，积极开展学生科技活动，对于培养一流人才具有重要的意义。开展学生科技学术活动，一方面要普及科技知识，引导激励青年学生学科学、讲科学、用科学，通过科学知识的传播与普及，教育学生以严肃的科学精神、认真的科学态度对待社会、对待自然、探索真知。另一方面，要为学生创造学习科技、掌握科技的有利条件，制定有利于学生学习科技的政策，

积极开展以学术科技竞赛活动为载体的课外活动，包括大学生课外学术科技作品竞赛、创业计划大赛，培养青年学生的创新意识、创新能力和创新精神，应对知识经济的挑战。

三、开展大学生社会实践活动，为大学生健康成长服务

当下，绝大多数大学生是从校园直接跨入大学校门的，他们普遍对社会缺乏了解，与社会缺乏互动，缺乏对复杂世事的深刻认知，容易产生盲目自信的心态。开展大学生社会实践活动，可以解决部分学生存在的深层次思想问题，加强大学生社会责任感，引导大学生深入了解国情、民情，找到自己在社会中的准确位置；加强与社会不同层面群体的沟通，树立艰苦奋斗精神和劳动观念；加强理论联系实际，提高社会适应能力，加快大学生的社会化进程。因此，必须重视大学生社会实践活动阵地建设，为其健康成长提供有力支持。

在实践活动层面，要广泛开展社会实践活动，让青年学生在社会实践活动中学知识、长才干、学本领、做贡献。人民群众创造历史的社会实践是青年获得真才实学、全面提高素质的大课堂。高校共青团要组织青年学生广泛开展社会实践活动，号召他们自觉走与实践相结合、与人民群众相结合的道路，让青年学生通过社会实践了解国情、了解社会、学习技能、服务群众。近年来，高校共青团组织开展了假期社会实践、研究生支教团、西部计划志愿者、青年志愿者、社区服务等多种实践活动，在社会上引起较好的反响，广大青年学生在实践活动中经受了锻炼，积累了经验，增长了才干，汲取了书本中无法得到的丰富营养。

四、巩固校园思想文化建设，加大"济困"力度，为青年学生的身心健康服务

青年大学生正处于人生的"拔节孕穗期"，他们处世经验不足，心理不稳定，承受能力差，由学习、生活、工作、交际等方面造成的心理矛盾和冲突较多。他们迫切需要来自家庭、朋友之外的支持，而这正是高校共青团可以发挥作用的领域。针对遇到困难的学生，基层团组织要主动关心、帮助他们，让他们感受到组织的温暖。同时，建立勤工助学中心，积极为贫困生创造上岗条

件，帮助他们克服生活上暂时的困难。此外，建设文化活动中心，开展丰富多彩的文娱活动，吸引广大青年学生参与，丰富他们的业余文化生活，陶冶他们的情操，增强团组织的吸引力和凝聚力。建立心理咨询和辅导中心，给青年学生解疑、解惑，提供指导与支持。同时，高校共青团组织还可以充分利用报栏、宣传栏、广播站、共青团文明园地，倡导文明风尚，树立文明新风，繁荣校园文化，为青年学生健康成长创造优美环境。

“为青年服务”，是青年工作之本。高校团组织应立足于青年学生的需求，以服务学生作为新时期团组织工作的切入点，以“寓素质教育于服务之中”的有效手段来增强团组织的吸引力、凝聚力和战斗力，更好地实现共青团工作的根本任务。

（本文是笔者担任中南大学土木建筑学院年级辅导员并兼任学院团委书记时撰写的一篇工作论文，并于同年发表于《现代大学教育》增刊）

网络德育教育探讨

——以“青春关注”工作室为例

/ 袁世平 /

互联网作为一种新的信息传媒工具，已逐渐成为当代大学生获取知识和各类信息的重要渠道。2000 年 6 月 28 日，江泽民总书记在中央思想政治工作会议上强调，面临新形势新情况，思想政治工作要努力进行创新和改进，特别是要增强时代感，在针对性、实效性和主动性上下功夫。为了打好思想政治教育的主动仗，让马克思主义占领高校大学生思想文化阵地，加大思想政治教育进网络的力度是十分必要的。思想政治教育进网络旨在在网络中融入思想政治教育理念，提高学生的思想政治素质，增强学生的政治意识和判别力，对学生进行世界观、人生观、价值观方面的教育和培养。

网络的出现和发展给当代大学生思想政治教育工作带来了巨大的机遇和挑战。我们应充分利用互联网，主动出击，扩展思想政治教育的空间和渠道，使之与网络外的思想政治教育相结合，实现“网内网外，两手抓，两手都要硬”的思想政治教育的新格局，以增强大学生思想政治教育工作的时效性和影响力，开拓思想政治教育新局面。

中南大学土木建筑学院把学生德育和思想政治教育工作作为学生工作的基础和重点，近 5 年来，将信息化建设与德育教育有机结合，“青春关注”工作室便是二者有机结合的产物。中南大学土木建筑学院以“青春关注”工作室为依托，以加强信息化德育教育为内容，全面推进学生的德育教育工作，使学院团学工作有了崭新的面貌。

一、加快德育教育信息化建设，推动德育教育跃上新台阶

自中南大学土木建筑学院1997年开办“团员接待日”活动以来，在学院领导、老师、学生干部和广大青年学生的共同努力下，德育教育活动已向规范化、系统化、基地化、规模化发展。作为“团员接待日”的整体延续，“青春关注”工作量在保留知识性、时代性、开放性特点的同时，更亮丽、更丰富、更具理念，将信息化的教育手段引入团员思想教育的阵地，并在发展中不断完善。

(1)转变传统的思想政治教育观念和模式，适应信息时代发展需求。网络的出现和发展，带来了新的工作方式、思维方式和价值观念。通过网络，可以快捷、准确地了解青年的思想情绪及他们所关心的热点问题，进行相互沟通，及时获取大量有价值的信息，丰富思想政治教育的资源和视野，并针对网络的开放性、交互性、及时性等特点，开展形式多样、生动活泼的思想政治教育活动。在德育教育信息化实施过程中，全院领导、老师、学生干部和学生重视和充分运用信息网络技术，建立了自己的网站——青春在线(www.54qc.com)，提高了思想政治工作实效性，扩大了工作覆盖面，增强了工作影响力。

(2)加强网络思想政治教育队伍建设。网络对大学生的思想观念、价值取向和行为模式产生了很大的影响，要取其利而避其弊，必须把网络工作作为全院教学工作的一个重要内容来抓。我院从从事思想政治教育工作的队伍中选出一批已掌握了网络技术的教师，由院党委统一领导，专门负责网络的建设和管理，并对网站维护人员进行培训，适应德育教育信息化工作的需要。

(3)加大资金投入，完善和加强德育教育信息化力度。德育教育信息化不仅拓宽了思想政治教育的空间，更重要的是改变了传统思想政治教育多以“说教”方式出现的模式，寓教于乐，在平等宽松的环境中拓展了思想政治教育的渠道。目前“青春关注”工作室已形成一定规模，有一间办公室、两间工作室、一台网站专用电脑。主要工作人员每人配备电脑，并接入宽带网，工作室有扫描仪、光盘电脑刻录机等现代化设备，固定资产为4万元左右。同时，土木建筑学院聘请专家、学者分别在网络建设、资源管理、思想教育等方面给予指导，学院在人力、财力上大力支持，每年给予的活动经费为1.5万元左右。工作室有详细的章程和较完善的设置，院领导挂帅，团委老师指导，工作室下设主编、企划、公关、制作、技术、宣传、秘书处等职能部门，将活动的前期制作、现场

调控、后期制作形成一条龙体系，实现了阵地化。随着“青春关注”工作室的全面发展，下属的社团已全面铺开，在“青春关注”工作室的带动下，土木建筑学院的社团向多层次、全方位方向发展，现已有青春掠影摄影社、青春创意吧协会、青春物语(语言协会)、英语协会、网络协会、航模协会、青年志愿者协会、青春杂志社等十多个学生社团。

二、加强德育阵地建设，积极开展符合青年学生身心特点的德育活动

德育教育是学生工作的重心。针对学院学生的实际情况，“青春关注网上德育教育”基地狠抓学生的思想政治教育、品德教育、纪律教育和心理健康教育，积极开展了高层次、高水平、健康向上、丰富多彩的德育教育活动，使学生的思想得到了提高、能力得到了锻炼、特长得到了发展、素质得到了培养、才华得到了展示。

(1)以重大纪念活动和重大事件为契机开展教育。在团员青年中广泛开展以爱国主义为主要内容的大学生成才教育，提高团员青年的思想道德素质。举办专题活动，全面、深入地宣传中央召开的重要会议和出台的重大决策。为迎接党的十六大胜利召开，网站上开辟了“十六大”专栏，对党的十六大进行了全程记录和报道，并举办了以学习贯彻“三个代表”重要思想为主要内容的党的知识网上竞猜活动，全校共一千多名党员、入党积极分子和团员参加了网上竞猜。此次活动，激励了广大青年大学生进一步高举邓小平理论伟大旗帜，深刻领会和贯彻“三个代表”重要思想，振奋精神，开拓进取，与时俱进，响应党的十六大提出的全面建设小康社会的号召。在一二・九运动 67 周年之际，建立一二・九运动网上纪念馆，广大青年大学生自觉到纪念馆献花、发表感想、参加讨论，深切悼念为了救亡图存，为了民族独立，在硝烟战火中前仆后继、不屈不挠、英勇奋斗的烈士。广大青年学生表示，将秉承先烈的革命优良传统，提高自身素质，胸怀祖国，胸怀社会，增强历史责任感，为全面建设小康社会做出更大的贡献。在开放网上纪念馆的同时，组织别开生面的公众演说——让爱国主义传统焕发新的光彩，全校共有 4000 多人在凛冽的寒风中驻足倾听了演讲者发自肺腑的宣言：“传承革命优良传统，肩负使命，为中华民族伟大复兴而奋斗。”

(2)传统德育教育同网络德育教育相结合。传统方式的德育教育有着坚实的基础，积累了丰富的经验，拥有一大批专业的教育工作者。进一步探索网络教育工作的新特点，将两种方式相结合，发挥各自的优势，相辅相成，使德育教育更加生动活泼，更加形式多样，更容易为青年学生所接受。

①“青春关注”谈话节目。从“青春关注”工作室成立起，已隆重推出五期谈话节目：“英雄的背后——道德、法律 and more”(第一期)、“e 言难尽——大学生与互联网”(第二期)、“贫困 · 心态 · 学业”——大学生贫困问题(第三期)、“明礼 · 诚信”——公民道德建设(第四期)、“走出心理的荒漠”——大学生心理健康问题(第五期)。这些谈话性节目融知识性、思想性、思辨性、时代性、开放性于一体；话题追踪社会热点、关注校园文化、聚焦青春话题；结合广大青少年的思想实际，邀请知名人士或专家谈自身的成长经历和体会，引导青少年正确地分析问题和判断问题，树立正确的世界观、人生观和价值观。活动曾邀请的嘉宾有长沙电视政法频道《法庭直播》栏目主持人荣斌老师、《中国教育报》湖南记者站主任记者李伦娥老师、长沙怡泰信息实业有限公司(了难网)市场总监李左懿老师等十余人。每期活动观点深刻，现场气氛活跃、学生反响热烈。嘉宾、主持人、观众形成了台上台下的互动，同时通过电视、多媒体、网络等现代化媒体手段，使整个活动实现了场内与场外的同步进行，达到了有点有面的效果，营造出了轻松、愉悦的交流气氛，使参加活动的同学有所思、有所感、有所悟、有所得。

②开展其他形式的德育教育活动。以主题班会的形式对青年学生进行爱国主义教育，班会内容包括学习“三个代表”重要思想、学习七一讲话、学习“十六大”会议精神等。组织参加各种公益劳动，对青年学生进行劳动教育、爱国卫生教育，增强学生的劳动观念。开展书画、征文、演讲、合唱、知识竞赛等系列活动，使广大青年学生的思想觉悟在活动中得到提高。同时，每周举行隆重的升国旗仪式，注重青年学生爱国情感的激发，使青年学生增强爱国主义情感。充分发挥用人单位与共建单位的阵地作用，与中铁五局集团有限公司开展基地共建，组织学生参加社会实践，让学生在生产实际中培养“乐业、勤业、敬业”的精神，在学习生活中接受职业道德的实践训练。

(3)进行心理咨询，引导青年积极健康发展。伴随着计划经济向市场经济转变，竞争机制被引入日常生活中，人们长时期处于高度紧张的状态。大学校园也不是悠悠的“象牙塔”，学业上的优势不再、感情上的纠葛丛生、人际关系的紧张、自我角色的迷失，使一些大学生感到无所适从，如果长期积累下去，得不到缓解，就会导致心理上的不健全。针对这种情况，在网站上开辟心理健康专栏，提供心理学知识介绍、青春期常见心理问题分析、心理测试等板块，同时设置心理热线0731-5643342，由心理专家在线指导，学生通过心理热线与指导教师交流、谈心，以获得帮助。在线交流具有隐蔽性，学生可以匿名，因此他们少了几分顾忌，多了几分坦诚，可以大胆地向指导教师说出自己的隐私，以获得帮助。利用网络来进行德育教育，以普通网民的身份上网与学生聊天，了解他们的心理困惑，进行教育和疏导，取得了显著的效果。

三、加强基层团支部建设，发挥团支部在学生思想道德建设中的基础性作用

学院积极利用共青团组织在第二课堂中的深入性和灵活性特点，充分发挥学生的主体作用和能动作用，以各类重大活动为契机，有计划、有步骤地在学生中广泛开展德育教育活动，以各团支部马列学习小组为依托，先后树立了99土木7班、2000土木1班、2001工管2班等8个示范团支部，形成了马列学习的示范典型，把“三个代表”切实地融入各基层团支部的生活、学习之中，培养学生学习理论的自觉性，引导学生勤奋学习、立志报国，取得了良好的效果。为响应团中央关于团支部工作的改革与实践，我们大胆尝试建立“青春关注”团支部。并实现了党支部与团支部联合在网上过组织生活的活动形式。参加“青春关注”团支部网上组织生活的有120多人，活动受到了校内外媒体的关注，《中国教育报》于该活动的次日发表了有关该活动内容及效果的报道，扩大了该活动的影响，使“青春关注”工作室的网络德育建设的现代化优势充分地体现了出来。活动团支部的建立扩大了德育教育的范围，不仅占领了社团，而且为完全学分制下的团支部的思想教育提供了一个很好的实验基地。

“青春关注”工作室在加强自身网络德育建设的同时，全面引导和支持下属社团活动的开展，如“青春关注”标志征集大赛、石燕湖摄影大赛、主持人大赛、诚信杯辩论赛、科技作品展等。这些活动在“青春关注”工作室龙头的带动下全面创新，通过与商家的合作将社团活动规模化，活动的影响面得到了扩大，“青春关注”工作室也由此走出了校园，走进了社会，在不断的摸索中成长。

四、以“基地”为有效载体，将信息化与学生德育实施有机结合

（1）正视目前德育中存在的问题。目前德育教育在思想性、科学性、理论性等方面注意得比较多，但在时代性、针对性、现实性、实践性等方面结合得还不够。一直以来，土木建筑学院非常重视团员青年的思想教育工作，但思想教育的阵地不够明确，多数时间是以自然班级的自然团支部为载体，这样的结果是将教育限制在一定的范围内。如何拓展教育渠道，形成更全面的育人机制，通过大学生活的各种各样的载体去解决这一问题？“青春关注”工作室正是这样的有效的载体。

（2）树立“大德育”理念。思想德育教育具有较强的实践性，应该结合现实生活中特别是市场经济发展中带给大学生的思想困惑和热点问题，采用启发式、导向式、渗透引导式的方式，使德育教育的内容更加贴近团员青年的特点与变化规律，吸引团员青年，引发团员青年的兴趣，使团员青年积极进入富有特色的德育教育的内容中。“青春关注”工作室的每一期活动都具有针对性和时代气息，贴近生活。青春关注活动正是通过开发内容健康、形式多样的活动来推动校园的文化建设，营造思想道德教育的良好氛围的。

（3）信息化阵地将德育教育阵地广泛拓展。信息社会的各种传播媒体以快速、新颖、刺激为特点的方式引导大学生接受市场经济社会的各种价值观念和道德观念。占领信息化教育阵地就是占领当代青年团员的思想阵地。因此，“青春关注”工作室借助电视、网络、媒体，使得每一期活动都能达到非常好的效果。

（4）在各项日常工作中，“青春关注”工作室的成员来自不同专业、不同年级、不同班级。这种跨度的组合，使集体观念和协作精神得以加强，使得学生的合作与协作精神得到培养，这无疑是今后的学习工作中一笔巨大的财富。

（5）培养学生自主协调生活、学习、课外活动全面的能力，养成良好的学习习惯。“青春关注”工作室每年涌现出许多优秀的干部，并且带动整个团学工作，在这样的推动下，二级学院涌现出大批优秀班集体、优秀团支部、红旗团支部。

（6）促进学生工作特色的形成。“青春关注”工作室成为团学工作的窗口，在以”青春关注”活动为主线的基础上，共青团的基层组织健全，组织生活开展

有序、有特色、有创新、有突破，成为学生工作进展的突破口，有效地推动了学校与社会的良性互动。

五、网络德育教育的展望

（1）网络德育教育具有广阔的发展空间。有关方面资料显示，到 2005 年，我国上网人口至少将在现在的基础上翻几番，互联网必将被更为广大的群众特别是青年所使用。广泛开展网络德育教育已经成为越来越迫切的任务。

（2）网络德育教育必须和传统德育教育相结合。传统方式的德育教育有着坚实的基础，积累了丰富的经验，拥有一大批专业的教育工作者。而网上德育教育目前尚处于探索阶段，在一定程度上还只是对传统德育教育方式的简单模仿和借鉴。进一步探索网络教育工作的新特点，将两种方式相结合，发挥各自的优势，相辅相成，定能使德育教育更加生动活泼，更加形式多样，更容易为青年所接受。

（3）开展网络德育教育必须争取全社会的广泛认同和支持。没有党和政府的高度重视，没有社会各界的认同和支持，没有互联网服务商和众多网站的共同参与，没有先进技术力量的保证，网上德育教育将很难产生应有的影响，发挥应有的作用。只有依靠全社会的力量，共同营造浓厚的德育氛围，建设一批网上德育教育基地的“拳头产品”和精品，才能形成强有力的网上舆论阵地。

（4）开展网络德育教育需同现实活动相结合。如土木建筑学院推出的以爱国主义教育为主旨的“喜迎十六大”网站开通时，即在全院开展了“我迎十六大”线下主题团日活动。这种网络爱国主义教育同现实活动相结合的有益尝试，取得了积极的成果。

（本文是笔者于 2004 年 11 月担任中南大学土木建筑学院年级辅导员并兼任学院团委书记时结合实际工作撰写的工作论文）

高校本科生党支部建设现状的调查与分析

/ 袁世平 翟旭东 /

为认真实践“三个代表”重要思想，加强党支部建设，更好地发挥党支部的战斗堡垒作用和党员的先锋模范作用，为把中南大学创办成国内外知名的高水平研究型综合性大学提供坚强的组织保证，中南大学党委从 2001 年 10 月 1 日起，开始实施了党支部建设“54321 凝聚工程”。中南大学土木建筑学院学生党支部积极响应学校号召，在学生党支部建设上做了大量工作，也取得了明显成效。在新党员的定期教育和管理方面，中南大学土木建筑学院学生党支部也进行了相关的调查研究。

一、调研方法

本次调研采用新型问卷调查法，以高校本科生党支部的基本情况、党的先进性教育情况、党支部组织生活状况、党的路线方针政策或相关文件的宣传和执行等为调查内容，调查对象涉及中南大学土木建筑学院各专业、各班级的支委、党员、预备党员、积极分子和部分普通学生。总计发放调查问卷 260 份，回收 238 份，回收率达 91.5%。

二、调查结果分析

被调查的学生中，党员和预备党员占 17.4%，其中担任支委的占 2.8%；入党积极分子占 34.9%，其他为普通同学。通过对调查问卷的分析、总结，分如下四方面做详细的阐述。

(一) 党的先进性教育情况

1. 党的先进性教育的必要性

通过统计回收的有效调查问卷结果发现：对于该问题，高达 80.73%的学生认为是非常有必要或有必要的，不管是不是党员，大家都期望更加深入了解党的先进性教育情况，希望党支部能够开展更多相关的教育活动。这一结果反映了广大学生对中国共产党的关注和积极向党组织靠拢的意愿。

开展党的先进性教育活动，为我们解决存在的突出问题、促进各项工作开展提供了难得机遇。各党支部要牢牢掌握先进性教育活动的主动权，在党的先进性教育活动中着眼于解决突出问题；坚持有什么问题就解决什么问题，什么问题突出就着重解决什么问题；根据问题的性质，区分轻重缓急，认真制定整改措施，明确整改时限，落实整改责任，抓好整改效果。

2. 党支部建设中学生党员的作用

新的历史条件下，党员的先锋模范作用应如何发挥作用？调查显示：90.83%的被调查学生认为学生党员应当在工作、学习和日常生活中起模范带头作用和自觉履行党员义务。

保持党员先进性教育活动中我们应重点解决哪些问题呢？通过对问卷的分析可以看到：75.69%的学生认为学生党员思想政治素质不够高，30.28%的学生认为学生党员能力不够强，15.68%的学生认为学生党员的宗旨意识差，作风不实。这让我们看到虽然党支部建设取得了一定进步，但仍存在不少问题。有效解决这些问题是我们今后要努力的方向。

(二) 党校教育及理论学习情况

1. 党校教育方式和效果反映较好

党课满意程度调查统计结果如图 1 所示。调查显示，党校培训的方法较为得当，内容较为充实。在对党校党课培训的满意程度问题上，满意和非常满意的学生分别占 52.7%和 28.9%，两者相加达 81.6%，不满意的只占 18.4%。在对党校教育的改善和提高问题上，学生最多的建议是要不断更新讲课的内容，与时俱进并多增加一些实践活动。这说明党校在对入党积极分子培训方面成绩显著，效果良好。

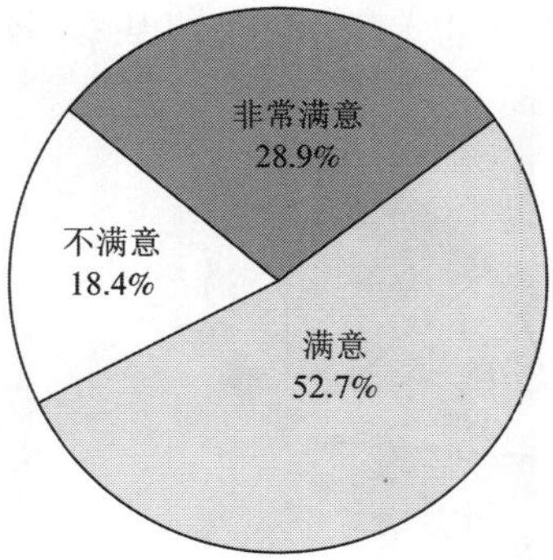

图 1　党课满意程度调查统计结果

2. 政治理论学习氛围良好

调查显示，学生支部开展党的政治理论学习活动频率较为正常。学习活动频率“两周一次”和“一月一次”分别占比 27%和 47. 2%，两者相加达 74. 2%；“一周一次”占比 12. 3%；“基本没有开展”占比 21. 5%。对于党支部定期或不定期组织的政治理论学习，47%的学生认为很有必要也非常热情地参与；48. 6%的学生认为有一些必要同时也会去参加；认为无所谓但同时也会去参加的只占比 3. 4%；认为没有必要的同时也不会去参加的仅占比 1%。在对党的相关书籍或视频资料的关注程度的调查问题中，有 25. 7%的学生表示会经常阅读或收看；54. 1%的学生表示偶尔阅读或收看；20. 2%的学生基本没有阅读过相关书籍或收看过视频资料。这些结果说明党支部的政治理论学习频率多符合规定要求，党支部成员参加政治理论学习的热情大多数都很高。

（三）党支部组织生活情况

基层学生党支部的组织生活及支部活动是党支部建设的重要部分。因此，在此次调查问卷中设置了较大的篇幅来调查该方面的情况，问题包括“支部多久开展一次组织生活比较合适”“各支部开展组织生活的频率”“支部开展组织生活的难点”“支部之间开展交流活动的必要性及活动形式”等普遍关注。

1. 组织生活频率及期望值

如图 2 所示，组织生活开展频率“两周一次”和“一月一次”分别占比 26. 6%

和 61. 4%，这说明学生党支部的组织生活开展正常、有序。通过学生党员对组织生活频率的期望值调查发现，“两周一次”和“一月一次”分别占比 24. 7%和 43. 7%，这和各支部组织生活的实际开展情况基本一致。

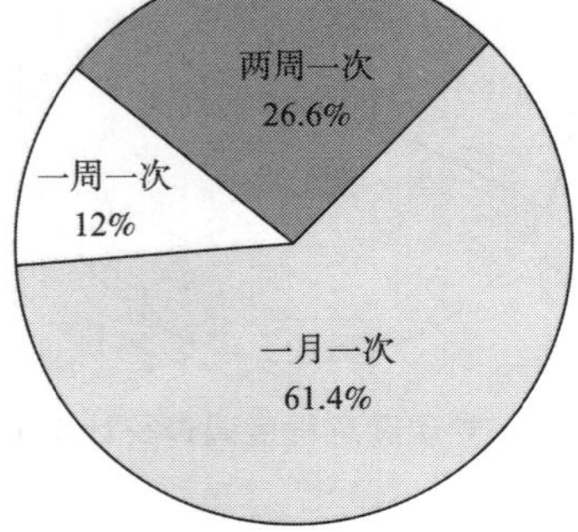

图 2 党支部组织生活频率调查统计结果

2. 影响组织生活开展的因素

如图 3 所示，在影响组织生活开展的难点问题调查中，“没有时间”“支部成员不重视”“没有场地”“不清楚”分别占比 19. 7%、40. 4%、24. 3%和 15. 6%。由于学院学生支部建立在专业基础上，一个支部包含了同一专业若干个年级的学生，各个年级的学习任务不一样，因此组织生活的时间安排易产生冲突，难以同时顺应各个年级学生党员的要求。“支部成员不重视”占了相当大的比例，这说明学生党员对组织生活的重要性认识程度还不够，很多学生党员虽然在组

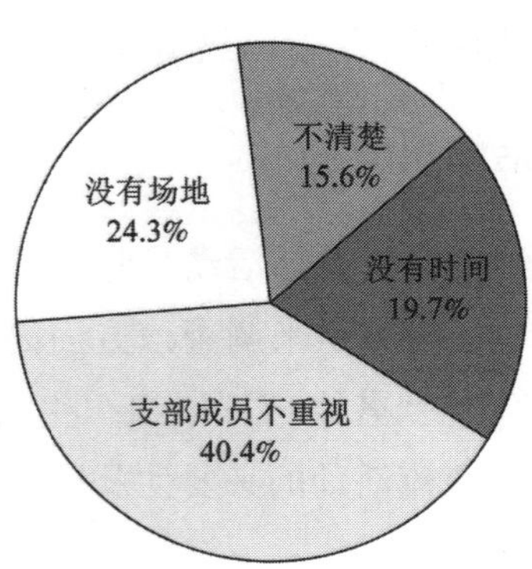

图 3 支部开展组织生活的困难情况调查统计结果

织上入党了，但离在思想上入党还有很大差距。此外，高校近年来的扩招带来的学校硬件资源紧缺，导致党支部日常的组织生活开展的场地不足。

(四) 支部文体活动的开展情况

新党员加入支部后，因为和其他党员不熟悉会比较拘谨，参与支部活动不够积极。因此，党支部多组织一些交流活动十分重要，尤其是在党支部之间开展交流活动，这对促进党支部之间的交流，增进党支部成员之间的感情十分有益。本次调查问卷设置了关于党支部之间开展交流活动形式的问题，调查结果如图 4 所示，呈现“三足鼎立”的格局：“体育活动如：开展篮球、足球等比赛”“学习活动如：学习党章或知识竞赛、知识抢答等”“课外活动如：春游、瞻仰烈士公墓等”分别占比 39%、29. 8%和 31. 2%，由此可见，大家对党支部文体活动开展的呼声还是比较高的。

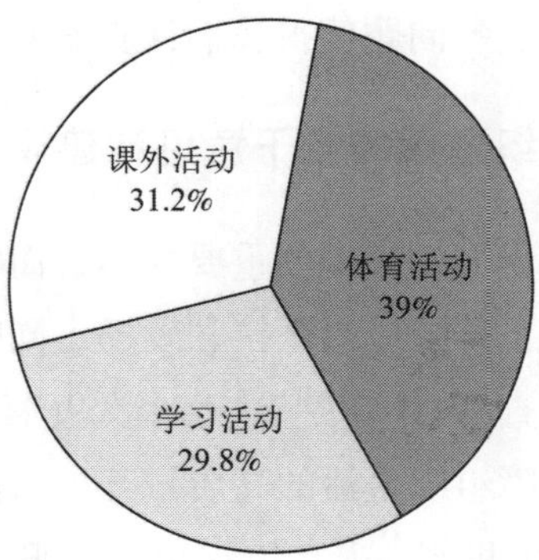

图 4　支部活动种类调查统计结果

三、进一步加强和改进党支部建设的思考

为了全面地解决问卷调查中发现的各种问题，更好地加强学生党支部建设，提出如下几点思考。

(一) 学校党校教育培训形式和内容还有待进一步完善

高校是培养新型知识分子的摇篮，是中国社会发展的人才储备库。高校学生党员是大学生中的骨干，是党的新生力量，是未来社会主义现代化建设的中坚力量。在新的历史阶段，大学生党员能否保持党的先进性，直接关系到他们能否在政治思想、道德品质、专业学习等方面和各项工作中发挥带头和表率作用，更关系到他们将来能否承担起党和国家赋予的历史重任。因此，对高校学生党员进行先进性教育是一项长期的工作，高校党组织要高度重视构建学生党员先进性教育的长效机制。大学生党员的先进性教育必须进行整体规划，明确教育的目标、内容、途径、方法，以及组织领导和制度保障，使大学生党员以党章严格要求自己，保持共产党员的先进性。

虽然大多数学生对党校的培训作用与效果持肯定态度，但仍有18.4%的学生对党校的培训效果感到不满意。主要是因为党校授课内容老套，形式单一，实践活动开展不够。那是不是因为觉得理论知识枯燥乏味从而对党校的培训没有兴趣呢？答案是否定的，因为有79.9%的学生都会在课后阅读党的有关理论书籍或观赏党的有关视频资料，可见学生是渴望学习党的理论知识的。那么如何提高党校的培训质量？这一问题值得我们认真研究并尽早寻找出对策。

（二）关于党支部组织生活的若干意见和建议

党支部组织生活在党支部建设中的重要性不言而喻，因此认真开展好日常的党支部组织生活这一优良传统应当坚持和发扬。同时，应当高度重视调查问卷中出现的相当部分被调查者“不清楚”支部多久开展一次组织生活的问题，在制度和内容上采取措施保障组织生活的高质量开展。比如制定严格合理的组织生活制度，形成有效的约束机制；丰富组织生活的形式和内容，使参加组织生活的学生党员不感到其是一种负担，而是能有兴趣、积极主动地、高质量地参与等。

（三）丰富支部文体活动，开展支部联谊

鉴于文体活动在党支部活动中的重要性，以及大家在这方面的较高呼声，学生党支部多组织一些文体活动十分必要，形式可以多样化、新颖化，使大家能快乐地参加活动、融入支部。

（四）结合党支部建设解决学生党员队伍中存在的实际问题

从总体上讲，学生党支部的建设是扎实有效的，党员队伍的主流是好的，

党组织是有战斗力和凝聚力的。但通过调研也发现目前党员队伍还存在一些问题，与保持党员先进性和党的先进性教育的要求不符合。结合我们党支部实际，应重点解决以下几个问题。

1. 着力解决好学生党员队伍的思想素质问题

通过调查研究，一些学生党员在理论水平、思想觉悟、实践行动等方面与践行“三个代表”重要思想和保持共产党员先进性要求还有一定差距。有些学生党员对理论学习不够重视、不够主动、不够深入，对“三个代表”重要思想的精神实质和科学内涵理解不深，把握不准；有些学生党员中存在着“重业务轻政治”“重行政轻党务”的现象；少数学生党员对马克思主义信仰、共产主义信念、社会主义信心和对共产党的信任不够坚定。要通过先进性教育活动，切实解决好“三个代表”重要思想“入脑入心入行动”的问题，切实解决好党员的理想信念、世界观、人生观、价值观问题，克服在一定程度上存在的重业务能力、轻思想理论素质等不良现象，着力提高广大党员的思想政治素养。

2. 着力解决好学生党员队伍的责任意识、能力和水平问题

党员的先进性主要表现在履行职责上，全体党员都必须增强参与学校建设和促进学校事业发展的责任意识和“主人翁”精神。目前，一些学生党员还存在个人主义和本位主义的思想，缺少大局意识；也有一些学生党员工作能力与水平和先进性要求还有差距。要通过党支部建设活动，提高学生党员的创新意识、领导能力和善于抢抓机遇的研判能力。全体学生党员要通过保持先进性教育切实增强参与学校事业的责任感，提高促进学校发展的能力和水平，做群众的表率。

3. 着力解决好学生党员的作风建设问题

在调查和征求意见中，我们发现一些学生党员存在着一定的作风问题，这也是群众普遍关注的问题。一些学生党员存在功利主义思想较重、组织纪律观念弱化、角色责任意识淡化、群众观点不强等作风问题，甚至有个别学生党员政治意识淡漠。在工作中，存在学生党员管理涣散、队伍不团结、办事拖拉、工作效率不高、服务态度差等不良现象。要通过相关教育活动，进一步加强作风建设；进一步健全和完善对学生党员的评价机制，解决学生党员纪律作风方面存在的问题，增强广大学生党员的责任心、纪律观念、廉洁自律意识和群众意识。

4. 着力解决好基层党支部建设中弱化软化的问题

少数基层党支部对党的工作不够重视，软弱涣散，凝聚力、战斗力不强；活动内容老化，工作方式陈旧，党的组织生活制度落实不够好；对新形势下党组织工作的特点研究不够，工作定位模糊，存在党建工作“弱化”、党员管理“软化”、支部作用“虚拟化”、党的活动“娱乐化”等现象。要通过教育活动，解决好部分基层党组织软弱涣散和影响力较弱的问题，增强党组织的凝聚力。

（本文是笔者于2006年兼任学生党支部书记在“党的先进性教育活动”时撰写的一篇调查报告，2007年9月获评中南大学“党建工作调查报告征文”二等奖）

一分尊重，一分爱

——对一名留级生的教育帮助

/ 袁世平 /

案例简介

我刚参加工作那年，正好赶上学校举行班级广播操比赛，当时选了班级凝聚力较强的几个班级参赛，每天早晨6：30起床组织几个班级进行训练。我当时发现土木1班的王同学(连留了两级的学生)总是做错动作，而且态度也不是很认真。我当时觉得他是态度不认真，没有集体荣誉感，就当着大家的面狠狠地批评了他一顿。训练结束后，他走到我身边说："老师，我知道你们都看不起我，但你也不能总是针对我啊！"

案例分析处理

我在还没有参加工作的时候就听说过这个王同学，玩电游成瘾，老师和同学对他采取了各种教育帮助措施，都无济于事。后他因为成绩不合格，连续留了两级到了我所带的年级。说实话，我虽然对他没有什么好印象，但绝没有看不起他。我反复回味他的话，除了有点奇怪外，还开始有点内疚了。他怎么会觉得我们大家都看不起他呢？是不是我批评他的方式不对啊？我找来班长，问了一下他平时的表现情况。班长说："他平时很少与班级同学沟通，偶尔会旷课，特别喜欢玩电游，因为自己没有电脑，有时候会看着别的同学玩电游，一看就会看很久。"我请班长让班级的同学多和这位王同学接触，鼓励、帮助他，解决他的实际困难。于是班长在王同学生日那天，没有事先通知他，邀请了一些同学，在自己寝室举办了一次小型聚会。到了晚上，班长突然把王同学叫到自己寝室。可是王同学并不领情，说了句“你们搞什么？”就扬长而去了。这个时候，我明白了，这个学生肯定有十分严重的自卑心理。我把他找到我的住处，很小心地和他谈了次话，对我那次批评他一事做了解释，并向他道歉。他终于吐露了心声，原来他因为不爱学习，两年多来一直被老师批评，虽然老师们都是出于善意，但是不乏有部分老师态度过于粗暴，伤了他的自尊心，他认为老师们都是看不起他的。因为连续留了两级，他的自卑心理很强，认为同学们也会瞧不起他，所以他不怎么和现在的同学接触。他虽然渴望别人的关心，但别人关心他时，他会认为这是老师安排的，接下来又该批评、教育他怎么学习了。还有就是连他的父母都已经完全不相信他了。同年 12 月底，他父母来了学校，到了我住的宿舍。我看到他衣衫褴褛的父母，心颤了一下，不用问都知道他的家庭条件有多差。他的父母从一个很破旧的包中以及他们身上的每一个口袋中，掏出了一团团皱巴巴的钞票，一张张展开，然后慢慢地数，一共是五千四百块钱。这时他父亲犹豫了，开口问道：“老师，小孩的学费应该是 5500 块钱吧，开学这么久了，我终于凑够了学费，不敢让小孩自己去交学费，怕他拿去打电游了，您能帮我交吗？还差一百，我回家后寄给您。”我感觉自己的心被什么东西狠狠地扎了一下，连声说：“一百块钱，我来出，以后你们不要再凑他的学费了，学校有助学贷款。”从那以后，我没有再批评过他一次，并帮他申请了国家助学贷款，每次学校有特困补助时，也会优先考虑他，同时安排了班级学习好的同学带他一起自习。我向他解释，任何老师对他的批评，本意都是关心他，没有谁瞧不起他。每一门考试前一个星期，我都会问他复习得怎样。慢慢地他肯主动学习了，虽然成绩不是很理想，每年都有挂科，但只是一两门课，经过补考也会及格。我偶尔会找他谈话：“大学期间，你可能做不到很优秀了，但只要你能拿到毕业证，凭你所学的专业，一定会有一份工作。只要你认真地去做事，你以后就一定有能力赡养你的父母，他们太不容易了。”后来他顺利毕业了，也找到了工作。一次，他回来办事，在我住处楼下等了我两个多小时。我问他为什么不打我电话，他说：“怕打扰您。”那次他对我说：“我给他最大的帮助就是给了他一份尊重。”通过和他谈话，我了解到他在单位工作很勤奋，工资待遇也还算不错。我了解他所学专业的性质，只要他不怕吃苦，继续努力工作下去，经济条件会越来越好。我心理有了很大的安慰，不只是因为他，更是因为他的父母。我一再叮嘱他的一句话就是：“一定要孝敬你的父母。”

工作思考和建议

留级生(也就是现在的退学试读生)是一个非常特别的群体，他们有学习的愿望，却没有养成学习的习惯；他们也不想再去打电游，却没有克制自己的能力。他们欠了太多的学分，又没有良好的学习习惯，同时很少与人交流，学习起来很吃力。现在，学校的教学管理需要同学有较强的主动性，各类事情都需要同学自己到网上去查，特别是一些科目的补考，会在开学前一周集中考完。他们中很多人主动性很差(有时候是一种逃避心理)，经常会错过考试时间，或者在复习不充分的情况下匆忙参加考试，很多同学会因为当时他们退学试读时所欠下的学分而再次被退学。此外，留级生都住在原来的班级宿舍，和现在的班级联系很少，基本上得不到新信息。对待留级生，批评和处罚是无济于事的，只有对他们尊重、关心、帮助、指导、跟踪，才能获得他们的信任，进而对他们进行教育。在学习上，他们需要你去"呵护"他，告诉他要做什么，该怎么做，这需要大量的时间和足够的耐心。我们应先建一份详细的留级生档案，包括他们的"挂科"情况、性格特点、兴趣爱好、学习现状、存在的实际困难等。然后，放下对他们的偏见，真诚地去帮助他们，帮他们制订"重修"进度表、学习计划表，安排成绩好的同学带动他们学习，通过各种手段帮助他们恢复自信、培养他们的主动性和自我约束能力。同时，尽可能地解决他们生活中的实际困难，有的时候甚至需要相关部门为他们开一些"绿灯"。还要对有的学生进行心理辅导。一名学生对于学校而言是几万分之一，对于家庭而言却是唯一。挽救一名落后生应与培养一名优秀生同样重要。

(本文是笔者在担任学生辅导员期间结合实际工作撰写的一篇工作案例，入选2010年湖南人民出版社出版的《大学生思想政治教育百佳案例》一书)

高校学生干部任期探讨

/ 袁世平 /

高校学生干部是指高等学校里的学生骨干，在班级层面，有班委和团支部的干部；在学院层面，有分团委、学生会和党支部的干部；在学校层面，有校团委、学生会和社团干部。学生干部是学校与学生联系的桥梁和纽带，是学校工作的得力助手，是搞好班风、校风建设的带头人，是维护学校稳定的重要力量。多年来，学生干部是大学校园令人注目的一批活跃分子，也是令同学羡慕的群体。他们比同班同学有着意义更加深刻的成长过程，当选为学生干部多多少少是一件光荣的事情。学生干部在组织社会活动的过程中，能提高工作能力、组织能力、管理能力和人际交往能力等，在将来的工作中，有比其他同学更多脱颖而出的可能性。实践表明，学生干部的成材率比一般学生的成材率更高。然而近几年许多高校却出现了大批学生干部告退的现象，尤以大学三四年级居多，致使昔日"车水马龙"的学生干部组织"门可罗雀"，学生干部组织失去依托，大量日常管理工作不能正常进行。笔者通过与一些告退下来的学生干部的谈心和平时的观察，了解到形成这一现象的主要原因有以下几个方面。

第一，学习压力大。在知识经济浪潮的冲击下，大部分学生能领会到知识经济的真谛，能体会到知识经济的价值和分量，十分珍惜大学学习的机会。很多学生干部表示，要珍惜大学四年的学习机会，稳扎稳打学习各方面知识，以各种方式调整和优化自己的知识结构。他们强烈地意识到在校学习成绩的重要性。如每学年评比一次(有的学校每学期评比一次)的奖学金，是以学生综合素质测评为主要依据的，而综合素质测评主要是德育、智育、体育等方面的考评。其中学习成绩是起主导作用的因素，而参评"优秀学生干部"又必须在该学年中至少获得三等奖学金。这样，达不到这个标准的学生干部就没有参评资格。虽然有的学校规定学生干部可以有适当的加分，但由于没有固定的、统一的标准，形不成规范化、制度化的操作。于是，一些工作能力强，但学习成绩欠佳的学生干部们在荣誉面前只好靠边站。久而久之，很容易挫伤大学生从事学生干部工作的积极性。另外，社会也向学生要高分，用人单位由于没有足够的时间和渠道来考查学生的能力，只能以学习成绩作为考察的重要标准之一，他们通常以学习成绩的排名来决定进一步考察的学生名单。另外，随着社会对人才学历层次的要求越来越高以及近几年应届本科生就业压力的不断增大，继续报考研究生还是尽快找个就业单位，也成为学生干部群体面临的两难选择。据笔者了解，有近50%的学生干部在就业与考研中选择了考研。而考研准备的黄金时间为大三下学期和大四上学期，这样，一大批准备考研的学生干部选择在大三下学期退任，而这一批学生干部往往是学生干部中的骨干力量。

第二，文山会海，浪费时间。有的学校或院系管理不善，管理机制不健全，便以“文山会海”来保证管理的运作及实施，忙得学生干部叫苦连天。今天这个部门要开会，明天那个部门要集中，后天又有两个部门联合讨论研究问题；校团委、学生会有精神要传达，院系分团委、团总支、学生会有工作任务要布置，各个班又有自己的任务要安排。开不完的会、传达不完的文件占用了学生干部大部分时间。至于那些身兼数职的学生更是无暇顾及学习。如果一个学生既是学生会主要干部，又是班长，还是中共党员，那么他有可能一周天天都泡在会议当中。部长例会、班长例会、组织生活会、校团委会、班委会等，会议短的一个小时，长的两三个小时。好不容易到了双休日，还要计划下周的工作，根本没有时间学习。一个学期下来，成绩自然滑坡，学业甚至亮起“红灯”。

第三，不正之风日盛。面对学生干部中的不正之风，一些学生干部自觉抗争无用，又不愿同流合污，便以告退作为洁身自好的良方。学生干部中的不正之风，主要有四种：其一是“吃喝风”。有的学生干部为了搭上与其他学生干部和老师的关系，便请客送礼，请吃请喝。此风一盛，连有些家境较差的学生干部也竞相攀比，给其家庭带来沉重的经济负担。其二是“贪污”。少数学生干部利用老师的信任，钻缺乏有效监督的空子，在发票、勤工助学和班费上做文章，损公肥私。其三是有些学生干部搞“特殊化”。有些学生干部不能以身作则，毫不律己，专门律人。其四是在学生干部群体中“拉帮结派”。有些学生干部来自同一个熟悉的环境，拉帮结派、排挤他人。这几种情况，使能者不能尽其才，让有能力的学生干部自尊受到伤害；经济问题不清，让一些光明正大的学生蒙羞；颐指气使、作威作福的工作作风，使整个学生干部群体形象受损。一些秉性耿直、不愿同流合污的学生干部便选择告退作为“洁身自好”的良方。

第四，力不从心，知难而退。参加社会活动要求学生干部必须具备突出的才能和特长，具有很强的组织协调能力、语言表达能力、创造性思维能力和心理承受能力。有些学生干部能力欠佳，不能很好地组织协调有关人员，不能很好地传达上级意图和安排，不能圆满完成工作，很难得到同学们的理解和支持。一个学期下来，深感力不从心。

综观以上原因，学生干部告退既有知识经济社会的冲击、国家政策制度方面的原因，也有学校规章制度方面的原因，还有学生干部自身的原因。但无论如何，学生干部在学校管理和学生教育中的作用是不可或缺的，他们在组织学生开展各种活动、完成各项任务中起着带头作用；在形成良好班风过程中起着核心作用，是联系学校、院系、班级的纽带。没有他们，学校对学生的教育管理将容易出现种种问题。学生干部告退这一现象得到了广大从事学生工作的人士的重视，他们也提出了很多有建设性意义的解决办法。在此，笔者提出自己的一些看法。

经过了解及分析，学生干部告退这一现象主要发生在大学三四年级的学生干部骨干身上，而他们告退的一个最主要的原因是学习压力大。一般情况下，低年级的学生干部担任的职务要低些，因而所承担的任务更少，学习的时间相对要多很多，学习的压力也小很多，所以低年级的学生干部从锻炼自身能力、提高自身综合素质出发，很少发生告退现象。而高年级的学生干部，一般担任的都是主要学生干部职务。他们从大学一二年级开始担任学生干部，能力已经有了很大提高，思想已走向成熟，具有了理性思维的能力，对自己是否继续从事学生干部工作有了强烈的独立意识和个性选择。作为学生干部中的骨干，他们从组织建设到活动开展，都要负责，因此，这些学生干部的工作压力和学习压力都相对较大。从能力的锻炼上来说，这个阶段其能力的进一步提高相对缓慢，尤其当他们面对的是工作还是考研的两难选择时，一部分有志于继续深造的学生干部放弃了当前的学生工作，选择了备战考研。

学生干部尤其是学生干部中的骨干分子的告退，严重影响了学生教育管理工作的开展。在学生干部的培养过程中，往往为了保护一些成绩优秀的学生（这一般是在院系一级），让他们能在学习上打好基础，以便日后能挑起重任，在平时的工作中，分配给这些学生干部的工作少而精，既让他们得到锻炼，同时又让他们很好地兼顾学习。然而等到需要他们在学生工作中发挥主导作用时，这部分学生干部在面对是考研还是参加社会活动面前，很多选择了告退从而考研(因为他们的成绩一般很好)。这就从很大程度上削弱了学生干部所能起到的作用，学生干部的培养陷入尴尬境地，致使学生教育管理不能很好地实施。由于这些学生干部的告退，必须另外选拔一批学生干部进入主要学生干部的行列。新选拔的学生干部的成绩相对要差，如果他们花大部分时间投入社会活动中来，必将严重影响学习成绩，甚至学业亮“红灯”，这样，这些学生干部自身会产生很大的压力，从事学生工作的老师必然也会承担很大的压力。为了减轻学生的学习压力，老师往往会修改原来的计划，以减少学生的工作量，学生本身也可能在工作中放不开，这也影响了学生工作的正常开展。

从以上分析中可以看出，学生干部的告退主要发生在学生干部中的骨干身上，时间往往是在担任主要学生干部一个学期以后，一般是在三年级下学期。从这一点上考虑，学生干部的任期是否从原来的一学年改为一学期更为合理呢？让我们来看看这一改变的利弊。

首先，学生干部任期从原来的一学年改为一学期，可以提高学生干部的工作效率。学生干部参加社会活动最直接的收获是能提高自身的工作能力、组织协调能力、管理能力和人际交往能力，因此学生干部能够积极组织和参加社会活动。原来一学年的任期，由于第一学期的全身心投入工作，使学生干部心力交瘁，往往在第二学期的工作中有所懈怠，同时由于学习等方面的原因，也使学生干部的工作效率降低。在一学期任期的情况下，学生干部在学习上的压力会降低，另外，学生干部为了证明自己的能力，会全面施展自己的才华，这就能提高学生干部的工作积极性，从而大大提高了学生工作的效率。同时，没有考研等各方面带来的压力，学生干部告退现象也会得到有效遏止。

其次，一学期任期制有利于培养更多综合素质高的人才。面对激烈的社会竞争，专业素质扎实、综合能力全面、组织协调能力强、具有团结协作精神的高校学生干部受到用人单位的青睐。一学期任期制为更多学生创造了发展的机会，符合当前我国对学生实行素质教育的需求。

在看到一学期任期制优点的同时，还应看到一学期任期制可能存在的问题——怎样保证学生工作的连续性。学生在担任学生干部以及担任主要学生干部时，需要有一个适应的过程，在这个过程中，学生工作将难以开展。而一学期的时间本身就比较短，除去适应期，真正有效开展工作的时间更短。解决这一问题，需要从事学生工作的老师和学生干部切实做好对学生干部的教育、管理以及一些相关工作。

第一，提高学生干部自身素质。对学生干部进行培训是提高学生干部整体素质和工作能力的有效途径，也是使学生工作快速走上正轨，保持学生工作连续性的有效途径。培训可以采用以下几种方式进行：一是组织高年级和低年级学生干部开座谈会，互相介绍工作经验和体会，交流工作中的注意事项和具体工作的开展方法等。二是举办短期培训班，提高学生干部的理论素养。三是定期举办学生工作汇报会，使学生干部互相启发、互相学习、共同提高。

第二，加强学生工作干部队伍建设。由于工作关系，辅导员等学生工作干部与学生干部交往机会多，直接对话多，他们的思想政治觉悟、道德品质、人格、工作作风等，对学生干部会产生潜移默化的影响。同时，学生工作干部在开展工作中的工作方法，工作思路，也会直接影响学生干部进入学生工作正轨的快慢，影响学生工作的连续性。因此，把学生工作干部队伍建设成为一支政治过硬、思想敏锐、业务熟练、务实高效、充满生机和活力的队伍，也不失为保持学生工作连续性的好办法。

第三，在每学期结束前做好学生干部换届工作。由于适应性问题，学生干部换届工作对学生工作连续性有着直接的影响。在每学期结束前做好学生干部换届工作，可以使学生干部在假期中有时间思考和准备即将来临的学生工作。笔者在 2002 年下半年实施提前换届工作，学生干部在暑假中对下学期的工作进行了认真思考，对迎新工作做出了周密的安排，并在新生报到期间举行了一场别开生面的迎新晚会，让送孩子到学校的父母真实感受到了大学校园对学生的培养，也让新生感受到了大学校园的丰富多彩，更为新生提供了一个展示自己才华的机会。提前换届，让学生工作迅速走上了正轨，保证了学生工作的连续性。

学生干部任期制度的探讨的目的是解决新形势下学生干部队伍中的新问题。一方面，要提高学生干部的自身素质，培养其能力，另一方面，要制定相应的政策，摸索新的方法，稳定学生干部队伍。只有这样，才能使高校的学生教育管理工作适应形势，培养出更多合格的社会主义建设者和接班人。

（本文是笔者于 2004 年 11 月担任中南大学土木建筑学院年级辅导员兼任学院团委书记时结合实际工作撰写的工作论文）

大学生创新教育途径探索

/ 袁世平 /

一、开展大学生创新教育势在必行

1996 年，国际 21 世纪教育委员会在《教育——财富蕴藏其中》报告中强调要把创新作为教育的最高目标："教育的任务是毫不例外地使所有人的创造才能和创造潜力都能结出丰硕的果实……这一目标比其他所有的目标都重要。"创新是建立在知识的传播、转化和应用基础之上的，这一切均离不开教育的支撑。因此，全面提高国民的创新意识和创新能力，首先应从创新教育入手，大力提倡和实施创新教育，真正培养出与时代潮流相适应的高素质人才，进而提高整个民族的创新水平。创新教育是国家教育改革发展的基石，是全面推进大学生素质教育的需要，也是我国高等教育的实践要求。在此背景下，高等学校开展创新教育势在必行。

二、大学生创新教育途径的探索与实践

2005 年，中南大学党委书记李健同志在学校首次党代会上提出，要把培育创新型大学作为中南大学的新定位和未来发展的战略方向。为贯彻学校创建创新型大学的办学目标，土木建筑学院提出了一系列举措。学院提出了以培养和发展大学生综合素质和实践能力为目标，以创新教育为重点，以开展学生科研训练和推进各类学科竞赛为抓手，不断完善大学生创新教育的理念。同时，学院建立了科学、规范、高效、持续的管理体制和运行机制，以有效推进大学生创新教育。

1. 优化教学课程设置，培养学生的创新能力

课程设置是教学计划中最重要、最核心的组成部分，也是人才培养目标在教育实践中的具体体现。学院将学科特色与国际前沿教育模式相结合，构建了一种以“探索型”课程模式为核心的新型教育体系。

首先，基于社会对人才需求的变化，我们对课程设置进行了改革。例如：在土木工程专业中，除了传统的工程课程，我们增设了经济、管理类课程，旨在培养学生既精通技术，又具备经济和管理知识的能力。

其次，依据经济技术发展的趋势，我们持续更新课程内容，将那些在课程体系中过时的、陈旧的，甚至是错误的东西剔除，并融入新的科技因素。

此外，依据学院的办学实际，我们探索了灵活多样的课程设置方式。我们为了适应日益扩大的专业范围，结合土木建筑学院的优势学科和社会需求，在每个专业课程群组，以业务范围核心专业课为主，同时设置 1 个(含)以上其他业务范围的综合性或少学时课程，即采用主辅组合模式的专业课群组，前三年设置统一的公共基础课和学科基础课。在 2004 年，这种主辅组合模式在接受建设部土木工程专业专家评估委员会评估时，得到了专家的高度认可。

2. 深化教学内容和方法改革，培养学生的创新意识

扎实的知识功底、广博的知识视野以及合理的知识结构是创新人才的根本。为此，学院将基础知识教学作为学生创新教育的主要环节，并不断深化教学内容和教学方法改革。各门课程培养方案均根据专业培养目标及学生就业方向及时更新，同时修改课程教学大纲，及时更新实验实训指导书，注重能力培养，将基础理论课程与应用紧密结合。我们倡导“必需”和“够用”的原则，强化动手能力的培养，有序地整合教学内容，强化实验、实习和毕业实践环节；鼓励任课教师认真钻研教学方法，以学生为中心组织教学，采用问题式、启发式、谈论式、案例式、探究式的教学方法，突出学生的主体作用，激发学生的学习主动性，注重训练学生的发散思维和想象能力。同时，加强科研工作，多途径申报相关课题，通过课题研究充实教学内容。学院增加资金投入，完善教学条件，充实教学设备，提倡现代教育技术，以增强教学效果和教学质量。

3. 重视教学实践环节，培养学生的专业实践能力

创新人才的培养必须强调专业实践能力和实际操作能力，为此，学院不断

加强实践教学基地建设。多年来，学院配备充足的指导教师，制订详细的实践教学安排，以确保教学实践、课程实践和社会实践质量。在培养方案中，除安排在有关课程中的实验课和课外计算机上机课程外，集中实践教学环节(实习、课程设计、毕业设计等)约占学生在校教学总数的25%，且全部为必修。

我们不仅在校内建立了多个实践教学基地，还积极开展校外实习，加强实习基地的建设和管理，使实践教学更具稳定性和有效性。我们充分利用社会资源，建立相对稳定的校外实习基地，努力把实习与承担实习单位的实际工作任务结合起来，实现互利互惠，得到了校外实习单位的大力支持。目前，学院已建立了20个相对稳定的校外实习基地，其中在广州铁路集团公司娄底工务段建立的“工程地质实习基地”收效显著，2006年被评为“湖南省普通高校优秀实习基地”。

4. 构筑一流实验基地，提高学生的实验技能

提高学生的实验技能，培养他们发现问题、分析问题、解决问题以及进行技术交流的能力，已成为大学生创新教育的核心要素。学院一直以来都高度关注并支持重点实验室的发展，加强基础实验室和专业实验室的建设，不断补充、更新设备，完善一流试验基地。不断增加的实验室有利于学生创新能力的培养，仅今年就新增33个项目。在教师的指导下，学生自主选题，自行设计试验方案，完成了近百篇实验研究报告或论文，这使得学生们得以接受一次创新性的科研训练。

5. 以各级各类学科竞赛为载体，提高学生的创新思维与能力

学科竞赛作为整合课内外实践教学的重要途径，成为培养创新人才的有效方式。近年来，学院结合专业特点，精心策划开展了形式多样的学科竞赛活动，包括大学生课外学术科技作品竞赛、力学竞赛、数学建模竞赛、CAD制图大赛、结构模型大赛、程序设计大赛、计算机技能大赛、英语全能大赛、创业计划大赛等，学生参赛的积极性空前高涨，学生的创新能力和思维得到了提高。据不完全统计，近三年来，共有近百名学生获国际、全国和省级各类学科竞赛、科技和文化活动奖励。其中，学生首次在数学建模比赛国际比赛中获奖，首次在力学竞赛、大学生职业规划设计大赛国家比赛中获奖，获结构模型设计大赛湖南省第一名，这些成绩很好地证明了学院创新教育取得的实质性成果。这些竞赛活动不仅有助于培养学生的创新精神和实践能力，也逐渐形成了

学院人才培养工作的鲜明特色，是构建创新型大学教育教学体系的重要组成部分之一。

6. 积极推进大学生创新教育项目立项工作，提高学生的自主创新能力

大学生创新教育项目立项工作是学校加强学生创新教育的重要举措，是培养创新型人才的关键手段，也是学生参加课外学术创新活动及社会实践的主要渠道。学院积极为学生创造条件，指派专人指导学生参加学校创新教育项目申报。近年来，有近40个项目(涵盖近百名学生)获得了学校的立项资助。与此同时，学院加强对项目的监控与管理，为学生在指导教师、资源条件、经费以及政策等方面给予学生大力支持。获得立项资助的学生，主观能动性得到了极大提高。在指导教师的指导下，他们积极查阅资料、进行实验、开展市场调研，独立思考能力和实践能力得到显著提升，收获也显而易见。

三、关于构建创新教育模式的建议

1. 营造创新的教育环境

创新要在"试"中探索前进，在"闯"中开辟新路，不能"坐而论道"。为此，我们必须打破高校的"象牙塔"，营造适宜的创新环境。这包括为学生创造掌握信息技术的机会，加强教学硬件，如校园网络、多媒体教室、电子图书馆等现代化教学环境的建设。同时，我们还要面向学生建设一批创新实践基地，优化创新教育的硬件支撑，并建立开放的管理模式和运行机制，为学生开展创新活动创造更好的条件。此外，还需要加强校园人文环境建设，通过提升校园文化品位，营造民主、开放、进取的文化氛围，从而在校园中形成浓厚的创新文化。

2. 创新教学内容和教学方法

为实现人才培养目标，我们需改革教学内容，构建合理的知识结构。通过优化整合课程，构建综合性课程体系，创设跨学科课程、边缘学科课程，引入前沿知识和现代科学技术内容。同时，在教学过程中注重启发学生思维，改变单一的课堂讲授，积极探索启发式、讨论式、开放式、研究式教学；借助现代教育技术，如多媒体、计算机辅助教学，从而使师生在教学双边活动中能够有效地完成任务。

3. 加强实践环节的创新

培养大学生的创造力需要加强实践教育。首先，要加强教学实验环节，通过基本实验课程、课程设计、毕业设计以及校外实习等实践环节，培养学生的创造性实验能力。同时，学校应鼓励将实验教学与科研课题相结合，充分发挥学生科协、学生科技发明小组以及实习基地的作用，为学生参与科学研究和创新活动创造条件。此外，还要加强第二课堂和其他教学实践环节的开展，丰富校园文化活动，将校园文化活动纳入本科生必修学分。还可以举办学生学术科技竞赛、文化艺术节、大学生校园科技文化节等活动，积极组织学生参加"挑战杯"全国大学生课外学术科技作品竞赛，广泛培养学生的兴趣和爱好，为发展学生的创造才能提供更多机会和条件。

参考文献

[1]涂金兰，曹军，付湘玲. 本科院校培养大学生创新能力的探索与实践[J]. 海南大学学报（人文社会科学版），2006(3)：443-445.

[2]訾克明. 大学生创新能力培养途径探析[J]. 鸡西大学学报，2003(2)：1-8.

[3]曲继方. 谈大学生创新能力的培养途径[J]. 教学研究，2005，28(1)：7.

（本文是笔者于2007年11月担任中南大学土木建筑学院年级辅导员兼任学院团委书记时结合实际工作撰写的工作论文）

十年磨一剑

/ 袁世平 /

亲爱的 2014 届毕业生同学：

在你们顺利完成学业，即将告别本科阶段学习之际；在我走过 14 年辅导员生涯，你们可能是我在土木工程学院带的最后一届学生，即将与你们分别之际。本可以不做这场讲座，因为这个时候，你们的心情是激动而又浮躁的，不会愿意再听我啰嗦。我犹豫再三，在和胡老师及一些学生干部商量后，终于鼓起了勇气，因为不做这场讲座，我可能会遗憾终身。我此刻的心情：桂生、德全、浩仔这些和我接触较多的学生干部应该能理解；高伟、新建、亚灵、维浩等在学业上受到过阻碍的人应该能理解；惠宝、亚男、戴娇应该能理解；其他很多同学也能理解。这是用眼泪表达不了的感情，是内心依依的不舍和眷恋，也是我对 2010 级很多学生深深的"愧疚"。大概是在 2011 年，你们还在南校区的时候，学生们给我送了个绰号"万能的袁导"。为什么会有这样的绰号呢？因为我热爱自己的工作，无论是在校还是已经毕业的学生找到我，我都会尽全力帮他们解决问题，特别是对一些学业受阻的学生，我投入了巨大的精力，想尽办法帮助他们顺利完成学业。作为学院团委书记，我要不停地参加各类学生活动，时间久了，唱歌、跳舞、各类体育运动我也都会一点了。可能大家觉得我什么都行，所以送了我这样一个称号。曾经我对有这一称号是何其的骄傲！这学期参加全国辅导员职业技能比赛，在比赛时我很骄傲地讲了这个事。但等比赛结束，我对自己 14 年辅导员生涯开始认真思考的时候，我觉得很惭愧，哪有什么万能，这是学生们对我的信任，而我为学生们做的还太少、太少！我真的想能为大家做点什么，才有了今天，我坚持要站在这里，给你们讲我的一点思考——"十年磨一剑"。

这是个很老的话题，你们可能都听过这句话，但不一定有太深的体会。当然我理解得也不深，今天我不想讲太多大道理，我想用真实、朴素的语言来讲讲我的理解。

第一，没有人能随随便便成功。你我虽然靠自己的努力考上了中南大学这样的名校，是别人口中的精英，但我们都是普通人，毕业后我们有一份工作很容易，但想有一番作为很难。个人的勤奋、资源、机遇都很重要，没有十年，很难看到希望。

第二，十年磨一剑，要确定人生目标。不管你过去如何，你的成绩如何，你的能力如何，这些都不重要，只要你从现在开始确立一个目标，努力去做，十年左右的时间，你是可以实现目标的。我们年级的郭桂生是学生会主席，大家都熟悉他，但我们年级有个叫高伟的，大家可能觉得很陌生，因为他是2008 级留级到我们年级的，我想说的是，十年后高伟取得的成绩不一定会比桂生差。我们年级的吕惠宝同学大家都知道，因为她成绩特别好，但以后成为学术大家，在专业上有所建树，不一定是她，可能是在年级排名几百名、从没得过奖学金，甚至挂过科的学生。因为在大学期间，无论哪一方面你们学到的都是皮毛，从现在你们又站在了同一起跑线上，你们想成为什么样的人，只要自己愿意并开始努力，一切都来得及。比如：你们中有人想在十年之内成为大学教授，这看起来很难，因为你们才刚刚本科毕业，但如果你树立这个目标并努力，目标是能够实现的。硕士加博士用 7 年时间毕业很正常，在这个期间注重科研训练和产出，有可能你毕业了就能获得特聘副教授或者特聘教授的资格。因为有明确的标准摆在那，只要你坚持对照这些标准去努力，十年左右的时间就一定能做到。我认识一个老师 31 岁读大学，50 岁左右就成了一所知名大学的知名院长。再比如：你们中有人想在十年左右时间内成为所在企业的处级干部，就是你们所在局级企业分公司的总经理、董事长之类的，这个真的很难，因为除了个人的勤奋外还需要机遇，但也不是不能做到。有很多校友做到了，他们的成长路径值得你们去学习，即使没有实现目标，十年的努力也会为实现这个目标打下坚实的基础。其实我不建议你们轻易从政，尤其是在业务还不精通，基础没有打牢的时候，因为这样你们无法把握结果，你们的心一直都会很累，不是每个人都适合从政的。你们可以树立的目标有很多：设计、施工、造价、监理、检测、监控等，土木的概念很广，任何一个方面，哪怕是一个点做精了，都会有所成就。你们要打造一个不一样的自己，比如：同样是干一个工程，你能够根据工程实际，撰写一篇论文，对施工技术提出改进。最关键的是要知道自己的目标是什么，然后想清楚实现它的方法和路径，剩下的就是坚持，在过程中不断思考、总结，修正自己的路径、方法，最难的是坚持，如果能坚持下去，10 年时间一定会有所成。

第三，十年磨一剑，磨的是性格。要做到内心淡定、外表从容、处事大度、做事严谨。要常怀敬畏之心，战战兢兢，做好每一件事。要常怀谦虚之心，真诚地向别人请教。何为师？有任何一点比你强的人，都可以成为你的老师，虚心学习是一种品德。要常怀感恩之心，没有谁有义务帮助你，记住别人的好，忘记所有的“不好”。要常怀“阳光”之心，你阳光的外表，不仅能温暖你自己的心，还能温暖别人的心。

第四，十年磨一剑，磨的是习惯。要坚持读书，养成终身学习的习惯。人生的智慧绝大部分都是从书中学来的，现在的网络很发达，信息很多，但大多是一些快餐文化，看完就忘了，要想系统地学习还是要多读书。读什么书？读经典、读历史、读哲学。不能死读书，要学会思考、归纳、总结，并把它写出来，我们学工科的人，在这方面太弱了，但我们只要在这方面做得好一点，哪怕只有那么一点点，就会显示出与众不同的优势来，也许就会因为这个而获得机会。我办公室原来有个同事就是这个方面的典型，因为他有一点文字功底，一直协助学院做各种宣传工作，起草各种报告，开始的时候他很痛苦，经常要加班，因为很多事情他也不知道怎么做。但不懂的他就找相关的书籍，坚持学习、思考，坚持去尝试、锻炼，慢慢地他变得游刃有余，工作得到了大家的肯定，而这些历练又提高了他专业论文方面的写作水平。他博士毕业后去中山大学应聘，与一个清华大学和一个同济大学的博士竞争一个指标，最后他成功了，而且工作一年后就评上了副教授。

第五，十年磨一剑，磨的是耐心。凡事应注重细节，从细节处入手，耐心坚持，正所谓细节决定成败，把小事做好，才能做成大事，做好自己，静待花开。

第六，十年磨一剑，磨的是品德。一定要有自己的原则和底线，与人为善，而不能趋炎附势。天上有很多片云，你不知道哪片云会下雨；地下有很多块石头，你不知道哪块石头会绊了你的脚。一定要努力奋斗，一切成绩都是靠努力奋斗得来的，奋斗是一种美德，也是青春的底色。

第七，十年磨一剑，磨的是眼光。要关心国家大事，要打开自己的视野，要在自己的经历中学会把握规律和未来趋势。

第八，十年磨一剑，磨的是经历。年轻的时候，多做点事情，是累不坏的，只有不断地经历，不断地积淀，人才能真正地成长。

第九，十年磨一剑，磨的是取舍。凡事没有十全十美，你得到一样东西，就会失去另一样东西，有时候你拼尽全力得到的可能并不是你想要的，而你失去的有可能是最珍贵的。取舍很难，我们无时不在取舍，但无论什么时候，我们都要走正道、行大道。

同学们，今天的你们都是20岁出头的少年，奋斗正当时！十年磨一剑，剑成之时，你们不过30岁出头，正是人生最好的年龄。到时候一身“本领”敛于内，成熟、大气现于行，这是你们自己的理想和愿望，也是我对你们的祝愿。我真诚地祝愿你们，心想事成、前程似锦。走得再远，飞得再高，母校是你们的家，记得常回家看看，这里永远欢迎你们，我也时刻为你们祝福。

（本文为笔者在中南大学土木工程学院2014届毕业生毕业讲座上的发言稿）

参加全国第三届辅导员素质能力大赛心得

/ 袁世平 /

各位同仁：

在各级领导的关怀和大家的帮助下，本人有幸走完了全国第三届辅导员素质能力大赛的全过程。虽然最后取得的成绩离自己的预期目标有差距，但是参加本次比赛真的有满满的收获，也有很多感慨。

首先是满满的感动，最让我感动的是一种目光。比赛中，熟悉我和我熟悉的同仁们，都会向我投来鼓励和赞许的目光。我曾经和一个同事交流过，那种透露出善良、真诚的目光是最打动人的。说到这里，其实我想说的是，我们一定要经常用这种目光去看我们带的学生。让我感动的还有学工部领导、老师提供的指导和在背后付出的劳动；办公室同事们的支持和一直的陪伴；学生们发来的短信……总之让我感动的事太多了。

其次就是在比赛的进行中，我内心产生的恐慌感。比赛之前我内心是充满自信的，因为自己有12年学院分团委书记、14年一线辅导员的工作经历，被学生称作“万能的袁导”，总觉得自己经历得多，经验丰富。比赛结束后，我意识到了自己的渺小，因为我遇到了太多优秀的同行，他们对工作的投入和取得的成绩让我非常钦佩。同时，我在比赛中也知道了自己在很多方面还有欠缺，切实地体会到了“本领恐慌”。下面，我想谈谈自己的几点认识：

第一，什么是辅导员。辅导员是高校教师队伍和管理队伍的重要组成部分，具有教师和干部的双重身份，应该努力成为学生成长成才的人生导师和健康生活的知心朋友。教育部出台的《高等学校辅导员职业能力标准(暂行)》对辅导员职业能力特征的阐述除了政治、品德特征外，还包括具备思想政治相关专业的宽口径知识储备，组织管理能力、文字表达能力、教育引导能力、调查研究能力，以及包括思想政治教育、学业指导等9个方面的职业功能，给辅导员职业下了明确的定义。这也说明了辅导员工作的要求是很高的，要求我们个人要有很高的综合素养，因为成为学生的人生导师和知心朋友不是那么容易的。我从事了 14 年一线辅导员工作，我相信把我当成知心朋友的学生有很多，但我能成为其人生导师的学生应该没几个，所以我们一定要加倍努力。

第二，如何当好一名辅导员。作为一名辅导员，我觉得我们应该把自己当成领兵的“将军”，为将者要上知天文，下晓地理。对于我们来说，“天文”就是：当前的时事，政治，国家的形势、政策，学校的中心工作等大势和大事；“地理”就是：学生的心理、行为特点，我们开展工作的方式、方法、载体、途径等。对我们个人来说，也有五个基本要求：智、信、仁、勇、严。智，即智谋、谋略，我们开展工作要有章法和方法；信，即信义，教学生前，我们要先做好自己，在学生心中树立真正的威信；仁，即仁义、仁者之心，这一点很重要，辅导员工作很琐碎，很多事情我们可能要重复做很多遍，谁都会烦，仁者之心能让我们保持平静和平和的情绪；勇，即勇往直前的精神，“召之即来，来之能战”是我们这支队伍的传统和作风；严，即纪律严明，制定合理的制度并坚持执行。商鞅变法中“徙木立信”的故事值得我们学习，合理有效的制度比说教更有效。电视剧《亮剑》中的李云龙的话让我印象深刻：“即使我的兵被打光了，只要我在，不管给我招来什么样的兵，过不了多久，都是战斗力最强的部队。”所以带学生就像带兵一样，辅导员的作风和性格决定了学生的作风和性格，这也是一种文化，它能起到润物无声的作用。

第三，怎么带学生。首先要有一个目标，接下来是设计实现这个目标的方法和步骤。比如说考试，一门课程要想考高分的话，首先必须有一个考高分的目标，然后设计考高分的路径：坚持上课，认真听讲，保证听懂；课后完成作业，保证弄懂；四处求教，琢磨规律，把握重点；持之以恒，久久为功。带学生也应该这样做，先确定一个目标，然后设定实现这个目标的步骤和方法，认真落实、完成对学生有益的每项工作，在工作中可能会四处碰壁，但一定要坚持，要思考、求教、总结、修正，最终一定会做出成绩。

这里我想谈一点个人对新生工作的想法。我主张举全院之力做好新生工作。要把最负责的班导师队伍配给新生年级，并对班导师提出明确的工作要求；要想尽一切办法帮助学生养成良好的习惯；要重视班委的选拔，特别是班长，大一的班委太重要了；要重视对班委的培养和使用，一定要先培养再使用，边使用、边培养。对于新生工作，我有几点思考。

其一，在学生军训期间，要建立好新生个人档案，信息越详细越好。学生父母有工作单位的一定要把单位写详细，越具体越好。学生父母的联系方式，最好要有座机号、QQ 号等。每个学生要留一两位他们最信任和敬佩的老师或者亲戚的姓名、工作单位和详细的联系方式。当然还要包括学生自己的兴趣、爱好、成长经历等。要想办法保证这份档案的真实性，并注意保密，不能泄露信息。

其二，新生教育要形成体系，最好形成一门新生教育的精品课程。课程内容包括专业介绍和学生成长所需要了解的内容。比如：学生未来的目标是深造，我们告诉他该怎么做；学生想要锻炼自己的能力，要成为一名优秀的学生干部，我们告诉他该怎么做；学生有特长，有兴趣爱好，想要把自己的特长、爱好发扬光大，我们告诉他该怎么做……总之，把学生大学四年可能面临的共性问题提炼出来，告诉大家遇到这类情况该怎么办。比如：出现第一门挂科科目时该怎么办？有了心理问题怎么办？遇到重大意外变故怎么办？一定要认真给学生讲清楚这些问题，虽然学生可能转背就忘了，但当遇到类似情况时，就会想起来，并主动寻求帮助。

其三，制定合理的制度并严格执行。大一新生是最容易接受制度并遵守制度的群体，要通过制度的执行让学生养成好的习惯。要提早发现学生的问题，如旷课、玩电游、学习不积极等，通过制度约束与激励，把这些问题解决在萌芽状态。

其四，开展丰富多彩的活动。可以在同一时间开展多类活动，学生们可以参加自己喜欢的活动；也可以放手让学生自己组织，老师做好指导，让所有学生都动起来，营造积极向上的活跃氛围。

第四，如何做好自己。学生辅导员工作弹性很大，没有一个定量或定性的考核与评价指导，这是个良心活，我们要对得起自己的岗位职责，对得起学生。比赛结束后，我真心觉得辅导员群体是一个大家庭，我们应该团结起来，互相帮助，不断地提升、完善自己，用我们的努力来提高我们这个队伍的社会认同度。面对质疑，我们无须自暴自弃，面对成绩，我们不要沾沾自喜，辅导员专业化的道路是一种必然趋势，我们的工作不能光有热情，一定要提高自己的理论水平和工作水平，做一名专业的辅导员。

最近我一直在思考一个问题，我们的工作最重要的应该是学生的价值引领。我们要帮助学生形成完整的人格，让学生能够自强、自立、自信、自尊，把

“诚实做人，扎实做事”作为一辈子坚守的“道”；要把“阳光”播撒到学生的心里去，不管我们的学生以后做什么，有多大作为，只要他们的人格是完整的，不会放弃对善和美好的追求，这样我们就成功了。我希望把自己清零，重新去努力，做一名能给学生带来以上帮助的辅导员。

（本文是笔者于2014年6月参加完全国第三届辅导员素质能力大赛后撰写的一篇心得，在中南大学学生工作部(处)组织的学工论坛上做了分享）

应届毕业生就业指导工作调查研究

——基于中南大学土木工程学院2012届毕业生的调查

/ 袁世平　秦思谋 /

当前，我国社会的人才需求与高校的人才供应呈现出一种不平衡的状态，在社会需求没有显著增加的情况下，高校普遍扩招使得毕业生的人数迅速增长，导致大学生就业压力增大。在严峻的就业形势下，高校每年的毕业生就业率虽仍然保持着较好的势头，但在这背后，毕业生身上也存在很多问题，如部分学生职业意识薄弱、就业能力不足、求职技巧欠缺、择业期望值过高或过低、对就业前途存在着迷茫和恐惧心理等。要解决这些问题，就需要继续完善毕业生的就业指导工作。

要想完善这项工作，形成长效机制，就需要了解毕业生对就业指导工作的诉求是怎样的。2011年11月，学院面向学院2012届应届毕业生进行了问卷调查，内容包括毕业生对就业指导的整体评价、就业指导内容、就业指导渠道、职业生涯规划指导、创业指导和就业意向指导六个方面，希望了解毕业生对就业指导工作效果的评价和对就业指导的实际需求有哪些，以期为高校开展就业指导工作提供参考。

本次调查累计发放调查问卷数648份，回收有效问卷数595份，有效率为91.82%。样本基本情况：男生526人，女生69人；农村生源学生375人，城市生源学生220人。

一、就业指导工作现状

(一)就业指导内容

总的来说，毕业生在择业过程中最需要学校提供的具体指导内容依次为

"提供就业信息""就业技能培训""就业心理辅导""政策宣传"。由于毕业生的社会资本的弱势因素,"提供就业信息"的需求排在第一位。

统计检验结果显示,不同生源的毕业生对就业指导的具体项目要求差别不是很大。认为自己在就业过程中需要学校提供有关信息的城市生源和农村生源毕业生所占比重分别为 47.73%和 48.80%;其次是对"就业技能培训"的需求,城市生源毕业生和农村生源毕业生分别占比 30.91%、29.60%;在"就业心理辅导"方面城市生源毕业生和农村生源毕业生分别占比 13.64%、12.00%;在"政策宣传"方面城市生源毕业生和农村生源毕业生分别占比 6.36%、8.00%。

我们从以上数据中看到,虽然农村生源毕业生和城市生源毕业生的社会资本本身存在较大的差别,但学生在具体就业过程中更多是依靠学校提供的就业信息。学校就业工作的覆盖面较为均衡,因此,城市生源毕业生和农村生源毕业生所获得的就业信息是一样的。另外,有的人认为,城市生源毕业生大多成长于优越的生活环境,其动手能力和心理承受能力可能较农村生源毕业生低。然而实际上我们看到的是两种生源的毕业生在动手能力和心理承受能力上的水平是差不多的,这与学院在过去的就业技能培训和就业心理辅导工作上做得全面、扎实有很大关系。城乡不同生源毕业生对高校就业指导的具体需求情况如表 1 所示。

表 1 城乡不同生源毕业生对高校就业指导的具体需求情况

	提供相关信息/%	就业技能培训/%	就业心理辅导/%	政策宣传/%	其他/%
全部毕业生	48.40	30.08	12.61	7.39	1.51
农村生源毕业生	48.80	29.60	12.00	8.00	1.60
城市生源毕业生	47.73	30.91	13.64	6.36	1.36

(二)就业指导渠道

毕业生接受职业咨询和就业指导的主要渠道是"经验交流",选择"就业网站""就业指导课""学校专题讲座""模拟面试"和"个别咨询"等,且比例顺次降低,具体如表 2 所示。

表 2　城乡不同生源毕业生接受就业指导的渠道情况

	经验交流 /%	就业网站 /%	就业指导课 /%	学校专题讲座 /%	模拟面试 /%	个别咨询 /%
全部毕业生	35.97	24.87	14.62	12.77	7.56	4.20
农村生源毕业生	39.47	22.67	14.13	12.53	8.27	2.93
城市生源毕业生	30.00	28.64	15.45	13.18	6.36	6.36

从表 2 可以看出，学院就业指导的务实程度不高、效果不佳，指导工作远不能满足学生的需求。主要原因在于，学院在就业指导师资力量的投入上还远远不够。我们还发现，城乡不同生源毕业生接受职业咨询和就业指导的渠道有一定的差别。与城市生源毕业生相比较，农村生源毕业生获取职业咨询和就业指导更多地依赖经验交流，这虽与学生的成长背景有关，也表明学院的就业指导工作在一定程度上还没有给学生带来实质性的帮助。

(三)职业生涯规划指导

职业生涯规划是个人根据自己的实际情况，结合决定个人职业生涯的制约因素和眼前的机遇，在对个人职业生涯的主客观条件进行测定、分析、总结研究的基础上，对自己的兴趣、爱好、能力、特长、经历及不足等各方面进行综合分析与权衡，根据自己的职业倾向，确定最佳的职业奋斗目标，选择职业道路，确定教育、培训和发展计划等，并为实现职业目标对自己的行动时间、行动顺序、行动方向等做出合理的安排。

调查结果显示，有 50%左右的毕业生对自己的短期生涯规划有较好的认识，但仍然有 14.12%的毕业生表示自己从没有接受过学校的职业生涯规划指导。

众所周知，要想使学生在大学毕业时具有较好的职业生涯成熟度(指在面对职业生涯问题时的心理发展水平)，生涯规划指导就应该贯穿学生的整个大学学习始末。调查发现，22.86%的毕业生认为职业生涯规划指导应从大学一年级就开始，24.54%的毕业生认为职业生涯规划指导应该从大学二年级开始，45.38%的毕业生认为职业生涯规划指导应从大学三年级开始，有 7.23%的毕业生认为职业生涯规划指导应该从大学四年级开始。可见，大部分毕业生通过求职经历深刻地感受到了职业生涯规划指导的重要性。因此，对学生的职业生涯规划教育应该贯穿大学生整个学习过程，并使之成为就业指导工作的重心，应根据不同年级、不同阶段、不同学科、不同学生特质等，建立多类型、分层化的职业生涯规划指导体系。这样，毕业生在求职时，因为对自身有较好的定位，目标明确，就可以尽可能地减少求职的盲目性，降低求职成本。

(四)创业指导

创业指导已经成为高校就业指导工作的一项重要内容。调查发现，目前，学院的创业指导工作还存在许多问题。比如，仅有11.26%的毕业生清楚自主创业的程序和需要的条件，绝大部分毕业生表示不清楚或不知道。具体情况见表3。

表3　城乡不同生源毕业生对自主创业的了解情况

	清楚自主创业的程序和需要的条件 /%	不太清楚自主创业的程序和需要的条件 /%	不知道自主创业的程序和需要的条件 /%
全部毕业生	11.26	64.87	23.87
农村生源毕业生	9.07	64.00	26.93
城市生源毕业生	15.00	66.36	18.64

调查发现，68.91%的毕业生认为“只要条件允许，自己愿意或非常愿意”选择自主创业，毕业生选择自主创业的意愿情况见表4。

表4　城乡不同生源毕业生选择自主创业的意愿情况

	非常愿意 /%	愿意 /%	一般 /%	不太愿意 /%	不愿意 /%
全部毕业生	25.55	43.36	22.35	6.72	2.02
农村生源毕业生	25.60	44.80	21.87	5.87	1.87
城市生源毕业生	25.45	40.91	23.18	8.18	2.27

调查发现，有30.08%的毕业生不知道学校开设了创业教育课程，10.08%的毕业生认为学校需要改进创业课程，20%的毕业生认为学校需要改进创业教

学方法，39.83%的毕业生认为学校需要协助创业设计和过程指导。在自主创业问题上，毕业生认为自己最缺乏的自主创业条件如表5所示。（目前本科阶段都需要学习创新创业课程，所以这个具有一定的时代特征）

表5　城乡不同生源毕业生认为自己最缺乏的自主创业条件

	技能的掌握/%	信息/%	知识的掌握/%	对政策的了解/%	信心/%	资金/%
全部毕业生	20.00	16.97	9.75	11.09	4.87	37.14
农村生源毕业生	18.13	16.00	10.40	8.27	4.80	42.40
城市生源毕业生	23.18	18.64	8.64	15.91	5.00	28.18

从表3至表5可以看出，创业指导工作的薄弱与同学想自主创业的热情形成了鲜明的对比。如果学院在学生创业指导方面能加大力度，取得实效，对学生的就业无疑会有很大的帮助。

统计检验结果显示，不同生源毕业生对“自主创业中最缺乏的是什么”这一问题的回答差别较大。农村生源毕业生对“资金”的需求明显高于城市生源毕业生，需求比例相差14.22个百分点。在“信息”和“技能的掌握”方面，城市生源毕业生所占比例明显高于农村生源。因此，在实际的创业指导工作中，应有针对性地对城市生源毕业生和农村生源毕业生进行指导和帮助。

（五）就业意向

第一，从就业区域来看。我国经济发展的典型特征就是区域经济发展的不均衡，从而导致毕业生就业区域选择呈现出一定程度的集中性特点。调查发现，31.28%的毕业生的就业意向为经济发展水平相对较高的地区，他们中有61.84%的毕业生如愿流向了这种地区；43.21%的毕业生就业意向为经济发展水平相对一般的地区，而这些毕业生中真正流向这种地区的只占72.38%的比例。从就业流向区域来看，毕业生就业意向流向和实际流向为经济较发达地区的比例较大。

第二，从就业单位性质来看。“央企”“国企”仍然是当前毕业生的首要选择。调查发现，79.84%的毕业生希望去国有企业工作，而实际上有高达85.19%的毕业生流向了这类单位，高出5.35个百分点；10.29%的毕业生希望去事业单位工作，实际上只有4.53%的毕业生流向了这类单位，相差5.76个百分点；毕业生希望去行政机关单位、乡镇企业和民营私营企业的意向比例分别为2.47%、0.82%、6.58%，实际流向比例分别为0.82%、2.06%、7.41%，二者差距不大。就业意向流向和实际流向之间差距最大的事业单位，其次是国有企业。

第三，从所选工作与专业关系来看。越来越多毕业生有意跳出专业、行业，寻求个人职业发展。调查发现，9.88%的毕业生认为“一定要专业对口”，60.08%的毕业生认为“尽量专业对口”，27.57%的毕业生认为“只要工作满意，无所谓专业对口”，2.47%的毕业生认为“只要能找到工作，无所谓专业对口”。可见，严峻的就业形势在毕业生就业上造成了非常大的选择压力，所选工作与所学专业的对口度不高。从实际就业数据来看，当前就业专业对口较高：32.51%的毕业生找到了“专业完全对口”的工作，58.44%的毕业生找到了“专业基本对口”的工作，8.23%的毕业生找到了“与专业有一些关联”的工作，0.82%的毕业生找的是“不对口”的工作。

第四，从就业薪资来看。与时代发展较为契合，应届毕业生整体就业薪酬期望与实际入职薪酬仍然存在一定差距。调查发现，就业薪资意向为2000元以下的比例为1.65%，实际比例为4.94%；就业薪资意向为2000~3000元的比例为16.87%，实际比例为63.37%；就业薪资意向为3000~4000元的比例为54.73%，实际比例为24.28%；就业薪资意向为4000~5000元和5000元以上的比例和实际比例分别相差14.82和4.53个百分点。可以看出，近一半的毕业生的薪资意向还是比较务实的，但我们也看到了理想与现实的差距。

二、调查结论

在问卷调查的过程中，我们发现毕业生对就业指导工作的满意度普遍不高。从总体上看，就业指导工作不能满足学生的需求。

（一）就业指导成效有待提高

将近60%的毕业生认为自己所接受的职业咨询和就业指导主要来源于各种就业网站和同学间的经验交流。城乡不同生源的毕业生对学院所提供的就业指导渠道的要求有一定的差别。学院开展的各种就业指导工作成效还需进一步提高，学院需要务实地开展就业指导工作。

(二)职业生涯规划教育有待完善

学院对学生的职业生涯规划教育已经取得了一定的效果，有近一半的毕业生掌握了职业生涯规划的相关知识，并能为自身的未来道路进行短期规划，但仍然还有一半的毕业生不了解规划自我职业生涯的方法和步骤，甚至还有没有接受过职业生涯规划指导的毕业生。职业生涯规划教育应贯穿整个大学学习过程，使学生真正对自己的兴趣、特长和能力有比较清楚的认识，尽可能减少大学生毕业求职时的盲目性。因此，学院应进一步做好职业生涯规划教育，让职业生涯规划的知识能够更广泛地被学生掌握。

(三)创业指导教育有待加强

从调查统计的数据中我们发现，不管是城市生源毕业生还是农村生源毕业生，创业意识都很强烈，但学院开展的创业教育远不能满足毕业生的要求。中南大学虽然为学生创业提供了强有力的支持，包括政策支持和资金支持，但是有将近30%的毕业生对学校开设的创业指导教育的相关培训，以及为学生创业提供的平台和政策等并不了解。因此，学院需要在创业指导教育上加大工作力度。

(四)就业意向和就业实际存在偏差

毕业生就业区域流向、单位流向、专业对口度及薪资意向与现实均存在一定的差距。区域流向、单位流向和薪资意向与现实差距最大。说明毕业生的期望值偏高。

三、对高校就业指导工作的几点思考

(一)以学生的发展为主旨开展就业指导

以学生的发展为主旨，即把握学生的个人特质，实现人职匹配。社会上不同的职业具有不同的特点，它们要求从业人员具有一定的个人特质。因此就业指导应该努力让学生在择业环节上尽量实现人职匹配，在具体就业指导过程中，应注意把握学生本身的诸如态度、期望、人格、价值观等择业主体的主观因素，以此来判断学生的个人特质。

以学生的发展为主旨，强调了人与职业的和谐发展，强调人在职场中有更广阔的发展空间，人的创造性、主动性得到充分发挥。从入学起，就业指导人员就应该帮助学生做好学业发展规划和职业发展规划的设计，重视培养学生的终身学习能力、创造能力、适应能力、沟通管理能力、团队精神及各种职业技能等。

（二）以专业化导向开展就业指导

把学生分成不同类别，充分运用就业指导的理论和技能予以分类指导。分类应按学生的就业要求、期望、特点、条件等进行分类，并针对不同类型的学生进行不同内容、不同方式、不同程度的指导，这需要就业指导人员掌握一定的就业指导理论和技能。在指导过程中，指导人员须运用专业的方法，了解学生的兴趣、价值观、特长、气质、能力等个性特点，引导他们正确认识和评价自我，纠正认知偏差和心理误区。只有实现了就业指导的专业化，就业指导才能科学地、规范地发展。

（三）以多元化途径开展就业指导

现代社会在政治、经济、文化、教育等各个方面都发生着巨大而深刻的变化，过去的以说理、灌输为主的就业指导形式已不能适应这个社会的需要。因此，就业指导工作要注意运用多元化的途径，注重以活动为载体，注重培训式指导。高校可以通过组织讲座、参观企业、举办校友沙龙、建立实习实践基地和就业基地、利用网络建立网上课堂和论坛交流等，让学生在丰富多彩的活动中得到就业指导，达到提高认识、形成良好的职业生涯规划观念的目的。

（四）以创业教育为重点开展就业指导

创业教育已成为高等教育改革与发展的全新理念，在高校中培养学生的创业能力尤其重要。只有具备创业能力，毕业生才能从被动的求职者变为主动的创业者，从毕业后寻找工作转为自己创造就业机会。高校应加强对学生的创业教育，培养学生的创业意识、创造性和革新能力，把握和创造机会的能力、评估风险的能力，并懂得一些基本的企业经营理论。另外，要扩大创业知识的普及面，并充分利用学校提供的各种政策，激发有潜力、有创新意识的学生在创业的舞台上展示自己。

参考文献

[1]张秋山，王宪明. 大学生职业生涯规划实用教程[M]. 北京：人民教育出版社，2006.

[2]阮美飞. 地方高校大学生就业能力培养研究[J]. 宁波大学学报(教育科学版)，2009(1)：59-62.

[3]陈敏. 大学生职业发展教育师资队伍专业化研究[M]. 上海：立信会计出版社，2006.

[4]唐瑛，钟汝能. 生存理念下的大学生就业指导探析[J]. 云南师范大学学报(哲学社会科学版)，2009(2)：146-148.

[5]范文曜，谢维和. 教育政策分析2003[M]. 北京：教育科学出版社，2006.

（本文是笔者于2011年11月担任中南大学土木工程学院2008级年级辅导员时结合年级就业工作撰写的一篇调查报告）

有一种责任叫奉献

/ 袁世平 /

毛泽东同志指出，“总结经验有两点，一是优点，一是缺点”。邓小平同志指出，“过去的成功是我们的财富，过去的错误也是我们的财富”。我之所以选择这个题目，不仅是对我14年一直坚守在辅导员工作一线的回顾，也是对我辅导员生涯工作的简单总结：过去的工作经历经常让我百感交集，时而感慨，时而沉思，时而会心一笑，时而泪眼婆娑，往事并不如烟，与学生在一起的日子历历在目，仿佛昨日重现！

每当我静下心来去想的时候，我选择辅导员工作作为我的职业，是社会给予我的责任；在工作的过程中，每当我看到一双双希冀的眼睛，一个个困惑的眼神，一种使命感油然而生，这种感觉会让我宁愿牺牲自己的所有来换得他们的笑容与进步，我想这种感觉就叫奉献。

一天八小时工作是责任，一天工作超八小时叫奉献；领导要求的加班是责任，自己默默牺牲了的无数个周末叫奉献。奉献是一种牺牲，牺牲意味着失去，失去了，人会痛苦；但真正奉献必有回报，有回报是一种幸福。奉献越多，回报越多，幸福也就越多。

依然记得2002年平安夜的晚上，我还在QQ上做一名2000级学生的思想工作，我忘记了那时是不是觉得苦。但我会永远记得：当她重新振作起来，通过自己的努力保研、读博、出国深造，后来成为一名优秀的科研人员时，我真的有巨大的幸福感。当她的父母在她毕业后对她说：“你遇到事情做选择，只要袁导同意，我们就没意见”时，我有的好像又不仅仅是幸福感！当从1998级留级到2000级的一名学生的父母来到长沙，把一大包皱皱巴巴的钱倒在我寝室的床上，里面还有不少十块、二十块的，并委托我交学费时，我内心真的有被触痛的感觉！他顺利毕业了，一年后的一个晚上，突然出现在我寝室的楼下对我说："袁导，我出差来看看你。"后来我才知道他已经等了两个小时，我相信，如果他没见到我，他还会等。他为什么不打个电话给我？我明白他的心思。2004 级的一名学生有一次心情郁闷，凌晨 2 点叫我下楼，就是为了聊聊天。毕业生晚会排练时他担任导演，当着众人的面批评我"你就不能表现得更好点"，我没有感觉不好意思，反倒有一种幸福感。2012 年暑假，我去青海湖，他得知消息后改变了在敦煌旅游的计划，租了一台车，日夜兼程赶来与我会合，见面后他空着手走，而把行李给我让我拿着，我没有觉得辛苦，只有幸福！2008 级的一名学生患有严重的抑郁症，因为特殊原因坚持要在校外租房住，我必须每天给他打一个电话，确保他平安，有一晚，他不接电话，我到了他租房子的住处，敲门没人应。我冒着寒风站在他的楼下，那时我感觉真的好冷！他那晚若不出门倒垃圾，我该怎么办？当他顺利拿到毕业证学位证时，我长舒了一口气，有的还是幸福感！2010 级的一名学生，除了打架，就是挂科。我"恨"他、骂他，当我真正了解了他后，我觉得我更爱他，他顺利毕业了，也有了满意的工作，我真的觉得很幸福。

"给永远比拿愉快"。作为一名辅导员，过去的我一直在践行着这句话，今天的我真正读懂了这句话。匆匆 14 年走过，追忆往事，我心里渐渐浮现出高尔基的那句："给人留下美好的东西，自己的心灵也会因此而丰富。"我想，辅导员工作，有一种责任叫奉献。它不仅使学生的青春多姿多彩，也让我们，我们辅导员因被需要而快乐，因被铭记而感动，因被祝福而灿烂。

（本文是笔者参加湖南省第三届辅导员素质能力大赛时的演讲稿）

在中南大学2014届毕业生毕业典礼上的发言

/ 袁世平 /

尊敬的各位领导老师，亲爱的2014届毕业生们：

大家好！

我是2014届毕业生辅导员袁世平，也是在辅导员岗位上工作了14年整的辅导员袁世平。前几天，我带的第一届学生2004届的毕业生常燕从新西兰发了一条微信给我："袁导，大学毕业我们只伤一次，而你却要伤无数次，希望你能保重身体。"我的鼻子突然一酸，再也控制不住自己的眼泪，我盼望着的，却又极不情愿到来的一天终于到来了，你们，毕业了！

六月，是一个饱含深情的毕业季节。忆往昔，你们来自大江南北，缘聚中南热土，看而今，你们学有所成，将散作满天星辰。作为一名陪你们一起成长的辅导员，此刻我的内心充满了惜别、感恩和祝福。

海内存知己，天涯若比邻。我惜别，因为这些年我们亦师亦友。食堂里我们谈笑的身影记录着生活的点滴，操场上我们挥洒汗水谱写着火红的青春。你们迷惘时，我用一个过来人的真诚将你们扶起，我疲倦时，也会因你们理解的微笑而无悔。快乐时，你会向我说起那些年打动过你的女孩，苦恼时，我也会把你当作上铺的兄弟共同分担。难以忘记军训场上你们的雄壮的步履，难以忘记学科竞赛中你们的顽强的拼搏，更难以忘记一次一次我带着你们在党旗前的铿锵的誓言。太多的难忘汇成了今日的惜别，今日的惜别将会成为我们人生共同镌刻的记忆。

沧海自浅情自深，人生乐在相知心。我感恩，感恩这些年你们陪伴着我们走过的山一程、水一程。有人说，辅导员和学生的关系是铁打的营盘流水的兵，辅导员的青春就是在一次又一次的迎来与送往中渐渐逝去。而我要真诚地说辅导员的青春因为你们的相伴而永不逝去！年复一年，你们带来了蓬勃的朝气，带来了青春的理想，带来了无限的创造与可能，与你们同欢乐共成长，我们的青春不会逝去！教会同学们责任与担当，引领同学们向善并求真，培养同学们爱国与奉献。担当如此重任，与青春的你们同行，此时的感恩澎湃在我的心间。

长风破浪会有时，直挂云帆济沧海。这些年，身为辅导员的我们曾无数次担忧，担忧你们能否适应求学的生活，能否克服学习中的困难，能否完成工作中的历练，能否解开思想上的疙瘩，能否厘清感情中的纠结。今天，你们毕业了，我们担忧可以告一段落了，剩下的只有万千祝福凝成一句话："明天会更好。"

亲爱的同学们，你们即将奔向新的人生旅程，在今后的人生中虽然我们不能相依相伴，但是我们的目光会一直追随着你们，心会一直牵挂着你们。无论你们走多远，无论你们行多难，我们随时准备着为你们未来的精彩点赞。今天你们以母校为荣，明天母校以你们为荣，我们相信未来，我们相信未来的你们追求卓越的脚步不会停歇。

最后，我代表全体辅导员再次祝愿亲爱的同学们，在新的旅途中乘风破浪，事业有成，爱情甜蜜，家庭幸福！感谢你们的帮助与支持，感谢你们的理解与宽容，我深知我们的工作离学校的要求、离你们的期望还差得太远，但我们真的用心了，我们真的尽力了，我们真的尽全力了！让我们一起祝福我们母校的明天更辉煌。

（本文是笔者在中南大学 2014 届毕业生毕业典礼上的发言稿）

念奴娇·护理学子出征

——写在护理学子参加全国首届护理技能操作比赛之际

/ 袁世平 /

初冬乍寒，飞雪近，护理学子出征。
远赴巴郡，古道训，早奏凯歌归还。
“婷婷”玉立，绽放“彤辉”，岂会“芬”芳弱！
如画山城，今聚多少巾帼！
遥想去年今时，初到“天使”学院，意气风发。
相欠而见，付出应无悔，华发无怨。
无法随行，赋词略表祝愿。

——祝愿我院学子在全国首届护理技能操作比赛中取得优异成绩

（本文是笔者在中南大学湘雅护理学院三名学生赴重庆参加全国首届护理技能操作比赛出发前的填词）

毕业快乐，不说再见

/ 袁世平 /

三年前竞聘护理，曾许诺：学生毕业时可以喊出每一个人的名字。三年来一直在努力，有多少分秒就有多少故事点滴，以下是初见每一位同学的印象。

世事奇妙，与大家三载相聚，以一字概，是为缘。

初来护理，与**潘思**、**凌燕**在路边商讨，见大家于巧云老师课间，“山楼束舍”一度流传。搬迁湘雅，**张静**、**仕霜**在行李上哭叫，盖因落差太大，大家皆然。但仍有，一人于一号楼下轻把头点，气质卓然，后方知是**云馨**也。选班助，幸知**阿笛**真才华，女神初长成，“误会”已变佳话焉。

暑假迎**小花**云南返程于车站；迎新见**娄银**手端相机不言不语总溜；帅气**炜少**一本正经，迎接学妹忙得欢；某一日**赵婷**举报不良司机来急电，有一段**连萍**遇困心难安；那一天电话打爆，附一补选，**雅澜**如愿。

建宇率队霸气入场院庆，同学公认暖男；**耳朵**藏委屈支教远赴河北，超书记亲自致歉。书记相约时，饭桌上见**嘉琪**、**白华**、**银子**，担忧未来泪光闪。转瞬三年，汝等初心应如愿！为宣传，**雨巷**“屡教不改”，加班加点；护学妹，**“磊妈”**任劳任怨，不畏艰难；迎国庆，拍九宫格图，**王倩**、**江琴**真美，竟让院长连连夸赞；庆元旦，**佳丽**摔伤，满头是血笑呵呵，是有点傻？还是有些憨！写总结，专访**迪佳**，三千粉丝仍自谦，后把账号献学院；遇急事，幸得**姚维**驰援，开楼门已是凌晨三点。

选礼仪因**楚仪**太高，质疑**杨琪** 168 否？抱歉、抱歉；**邓洁**带队半月苦练，礼仪队百年院庆把名传；三院联欢，**斯禹**同学多才多艺，情景剧霸气登场；**怡**

注：文中黑体是每一位同学的名字。

轩、**阿瑶**三年坚守，梦想秀一战成名，舞蹈队终登巅峰。

六男生各怀绝技，学霸**王尊**永居第一，无意间碰其手术，观隐私纯属无意；**士林**小辫子仍在眼前，带团队名传中南，签强生霸气无限；**晓泰**初来护理，发我信息各种艳羡，两年多变化巨大，奔前程自信满满。

促党建，**惠芳**、**丽倩**无私奉献，七一表彰，本科支部全校第三；做助理，稳重**李娟**气定神闲，工作繁忙不误保研；签湘雅，大气**梁婕**排名超前，再考研，首选非全初心不变；选导师，小**戴婷**略显心虚；分实习，感**雅琴**通情达理；竞附二，批**佩佩**粗心大意；转专硕，劝说**菁菁**沉住气；进口腔，**"风丫头"**多少打击，日夜焦急！帮搬家，惊讶**乐乐**不计劳苦有力气；寄档案，理解**梦泉**心思缜密传信息。

加我微信应有事咨询："**肖大大**"考研陷入两难时；**桂佳**现身于择业请假日。也有例外者，**荣丽**出现只为传递**肖娴**信息。早熟识虽交往无多，毕业季委托**岚岚**盯学姐；检查实习遇**王彤**，人喊小胖笑呵呵；也曾有"**蚕宝宝**"，每逢节日送祝福；乖**谭行**，路上相遇必驻足；更有文静**王小凤**，经常招呼不知名，临近毕业方澄清。

艳萍、**静侠**实习中山，**张慧**、**佳琪**、**孟叠**考研上线；牢记当年竞岗诺言，找**艳萍**、**静侠**、**张慧**、**佳琪**、**孟叠**座谈，至此2113级全部认全。临别之际，纵有不舍千言，只一句：毕业快乐，不说再见。

（本文为笔者给中南大学湘雅护理学院2017届本科毕业生的毕业寄语）

给湘雅护理学院2018届本科毕业生的毕业寄语

/ 袁世平 /

2018-05-22

今日我最想说的本来是“祝福”，但想来想去，我最想说的是“纪律”。因为大家还没有毕业，目前还有第二批实习和毕业考试没有完成，希望大家能认真、严肃地对待，不要因小失大。

2018-05-23

今日我想说的是“平安”。经过紧张的学习和繁重的实习阶段，大家终于迎来了毕业之前这段没有学习任务的空档期，每一个人的头脑中可能都会有“狂欢”的想法。但不管做什么，一定要遵守纪律，要注意安全，要考虑到各自的经济基础，量力而出。去远方要结伴而行，太晚了就不要在外面逗留，尽量少喝酒，绝对不要喝醉。

2018-05-24

今日我想说的是“顺利”。祝大家今晚的毕业考试顺利，也祝大家今后的每一场“考试”顺利。从大家进校的那天起，我最大的愿望就是大家都能顺顺利利。但愿望和现实之间总有些差距，我们总会经历一些不顺，总会遇到一些挫折和打击。但请相信，时间是会解决一些问题的，只要我们坚持努力，顺利就是必然的。

2018-05-25

今日我想说的是“初心”。昨天因为特殊情况，我在铁道校区、新校区、湘雅校区跑了三个来回，最后一站是在南校区开会。结束时本意是回铁道校区，但好像有一股无形的力量牵引着我把方向盘打向了湘雅校区，当时我根本不知道我到湘雅的目的是什么。快到的时候我才反应过来，很多天前毛婷老师在群里发了毕业考试通知，我当时只是瞄了一眼，但它已经牢牢刻在我的潜意识中了。牵挂学生是我作为一名辅导员的“初心”，那大家入校时的“初心”是什么呢？相信每位同学的潜意识中都会永远存在，在未来的日子里，请大家不要忘了“初心”，逐梦前行！

2018-05-26

今日我想说的是“自由”。随着毕业考试和最后一批社区实习结束，大家将迎来一段相对“自由”的时间。大家可能觉得这段相对“自由”的时间没有什么特别，但以后可能就没有这样的时间了，要珍惜这段时间，让这段时间过得有意义。不一定非要出去玩，静下来看看书，锻炼一下身体，给自己的未来做个规划，给身边的同学和朋友做点什么……都很好。

2018-05-28

今日我想说的是“坚持”。回望大学四年，你们会发现自己与当初一起进校的同学，在思想、行为和收获上已经有了较大的差距。我认为产生这些差距的根本原因就是个人的“坚持”。别人取得了好成绩，不是因为他有多大的能耐，往往是因为他坚持去做了。希望你们要坚持去做对的事情，坚持下去，你们的未来都会很美好。

2018-05-29

今日我想说的是“美好”。今天到新校区上课，我把车停在 A 座东侧后，顺着南边那条两边有铁栏杆的甬道往里面走。走着走着，猛然发现我今天停车的位置和走的路线与 2015 年 1 月去巡查你们高数考试时的一模一样。那时的画面就在眼前，甚是美好！愿你们永葆“人生如初见”的那份美好和期待。

2018-05-30

今日我想说的是“善良”。2015 年暑假，我夫人的姐夫开着我们的车在益阳出了车祸，造成一个骑摩托车的中年男子胳膊骨折，腰部也受了一点伤，事情是我去处理的。我付足了伤者住院期间的医药费，每隔一段时间就去医院看他。出院后他不能干重活，生活有困难，我就每个月给他打生活费。车买了保险，伤者好了后赔偿费用由保险公司负责，但他一直不满意保险公司的赔偿金额。于是我又给他拿了钱，让他请律师去起诉，最终他还是不满意法院判的赔偿标准。考虑到社会上的类似事件引发的其他问题，我瞒着家人又给了他几万块钱，然后把他的电话拉黑了。我始终相信吃点亏没有什么，只要家人健康、平安就好。这事过去两年多了，昨天一个陌生号码打电话过来，竟然是他。开始我还以为他想来勒索，但事实不是。他这两年来用赔偿的钱养了一些鸡鸭，生活过得比以前要好。他说一直想来找我，想当面感谢我，每年都留了几只最肥的鸡鸭想在过年的时候送给我，今年还特地养了几只羊，想在今年过年的时候送给我。就在那一瞬间，我内心充满了感动，人性都是善良的，我们都要坚守善良的本性。护理是一份高强度的工作，面对形色各异的人群、意想不到的医患纠纷以及其他突发情况，你们要保护好自己，但也要坚守善良的底色。

2018-05-31

今日我想说的是“选择”。我原来带的土木工程专业和护理专业有一个共同点就是好就业，工资待遇也不错，但是这两个专业也有不如人意的地方。护理专业的学生一就业就会被“禁锢”在医院里，上晚夜班是常态；土木专业的学生就业后则会被“禁锢”在荒无人烟的郊区或者山区，风吹日晒是常态。虽然工作条件差了点，但我们这两个专业为国家经济和人民健康做出了巨大贡献。四年前，大家选择了护理专业，今天你们就应该选择承担这个专业的责任，当然你们可以根据自己的需要做选择。但是每一个选择背后，都会有取舍。你们未来的路很长，要做无数次的选择，希望大家无悔于每一次的选择。

2018-06-01

今日我想说的是“快乐”。今天是儿童节，虽然你们已经长大了，但是在老师和家长眼里，你们永远都是孩子，所以先祝大家节日快乐。每到一个节日，我们发送的祝福语里出现频率最高的一个词语就是“快乐”。每个人关于“快乐”的定义和解读各有不同，我先讲一个小故事吧。昨晚已经到了下班时间，你们年级两名学生干部来找我讨论关于毕业活动的安排。她俩设计毕业活动时，所有的出发点都是想让你们最大限度地开心快乐。但我不是很赞同，我觉得不能一味地迎合同学们的喜好，应该要设计一些更有深度、更有温度的环节。我们进行了较为激烈的辩论，甚至还伴随着“争吵”，时间过去一个多小时而浑然不觉。我没有因为我们之间的争执有丝毫的不快，反而是很欣慰，也很开心。我为她俩至今还保留着为大家服务的初心而开心，也为她俩告诉我的年级那么多同学所取得的但我不了解的成绩和进步而开心。快乐要靠我们自己去感受，祝你们永远都在进步，祝你们永远开心快乐！

2018-06-02

今日我想说的是“意义”。我们在做一些事情的时候，是不是经常会想做它有什么意义？“意义”含有意思和利益的成分。我们愿意去做一些有意思的事情，会热衷去做有利益的事情。从 5 月 22 日第一天写毕业寄语到今天已经有 11 天了。有人问我能坚持下去吗，也有人问我写这些有什么意义。我承认，以我的水平而言，写这些对你们的意义肯定不大，但这对我自己的意义很大，我是一个极不愿写东西的人，若能坚持下去，我就战胜了自己。同时，我也和昨天找我商量活动的两个学生干部一样，真的想在你们毕业时为你们做点什么。在今天互联网如此发达的情况下，我随便去网上摘抄一些句子，都比我说得好，我也省力了，但我觉得那样做就真的没有意义了！

2018-06-03

今日我想说的是“认真”。记得两年前，我在参加医学院组织的雅礼奖学金的评审工作时，医学院的丁书记一再叮嘱我们参会的几个副书记：“今天的会议是由我们学院的张欣副院长主持，大家一定不要迟到，一定要了解本院学生的情况，因为张院长特别认真。”在后来的评审过程中我确实感受到了张院长的认真，他话不多，但态度诚恳、做事认真，特别重视细节，给我留下了深刻的印象，让我觉得很敬畏他。原校长张尧学曾说过：“一事专注便是动人，一生专注便是深邃。”专注就是认真，特别是大家以后从事护理工作，如果不认真，那是绝对行不通的！

2018-06-04

今日我想说的是“折磨”。我前两天和几个学生聊天，学生说：“曾经的憧憬与梦想，被社会现实折磨得已经看不到了希望。”这一点我能理解，因为社会和现实是残酷的，一直都是，自然界有优胜劣汰、适者生存的“丛林法则”。今天我们不努力，明天就可能被社会淘汰。年轻时，多受一些折磨，磨砺出坚强的性格和品质，无论未来发生什么，我们都能拥有生存的能力，这是一笔巨大的财富。

2018-06-05

今日我想说的是“机遇”。对于普通人来说，机遇不会从天而降，只能靠自己争取，而获得一个机遇很难，要默默坚持付出很多年。大学毕业找工作是一个机会，但还算不上机遇，但可能会影响以后的机遇。在大学毕业后七到十年左右的时间里，每个人都会获得机遇，但只有通过的自己努力，让自己成长了，才能抓住机遇，这是规律。刚毕业时，大家在阅历、经历、资历方面都是“一穷二白”的，很多人会因此失望而放弃努力，机遇就白白溜走了，人生也就很难达到一定的高度。所以，毕业是一个开始，是人生“大学”的开始，我们要再继续学习十年左右，才有可能获得人生的“学位”，这个“学位”将决定我们的社会地位和生活质量。

2018-06-06

今日我想说的是“祝福”。你们马上就要正式毕业了，今日寄语也是我想送给大家的毕业祝福。在中南大学这片沃土上，你们已经练就了健康的体魄、成熟的思维和扎实的本领，马上就要学成毕业。然而，学无止境，我还想再送上几句叮嘱。

第一，要心中有爱。要热爱我们的祖国，爱国是本分，也是职责，是心之所系、情之所归，也是立身之本、成才之基；要热爱你们的职业，护理职业是一份很崇高的职业，健康所系，生命相托，很光荣，也很伟大；要热爱每一名患者，这是你们工作的价值所在，医者父母心，要用大爱去包容和服务每一个人。

第二，要肩上有担。担当和求实是一种精神，也是一种境界；是一种追求，更是一种力量。希望你们以担当和求实铸就你们的人生大格局。不论你在做什么，都要立足自身岗位，勇担时代责任。无论你是继续深造还是走上工作岗位，都要树立甘于奉献、敢于担当的使命意识，把个人前途与国家命运紧密结合，把个人价值实现与社会进步相联系，为实现中华民族伟大复兴贡献出自己的力量。

第三，要胸中有识。要涉猎更多的人文知识，用心去解决患者的困惑。你们将来面对的不是病而是患者，而且是拥有更多医学知识的患者。要用眼、用心凝视他们，并感知他们、温暖他们，与他们共情。要不断地学习科学知识和技术手段，提升服务能力；要学习和掌握交流艺术，用智慧化解病人心“结”。

第四，要目中有人。虽然你们毕业于全国 A+学科的湘雅护理学院，但你们所学的知识和拥有的技能还仅仅是一点皮毛，你们要永远怀着一颗谦虚的心，虚心地向他人学习，向实践学习，在社会这个大熔炉里，不断打磨自己，雕琢自己，淬炼成钢。

祝福你们脚下有路，在这个波澜壮阔的新时代，和伟大的祖国同向同行，每个人都一条通向幸福和成功的康庄大道。

给湘雅护理学院 2018 届毕业生党员的一封信

/ 袁世平 /

亲爱的 2018 届毕业生党员同志们：

你们好！

年年岁岁，栀子花开；岁岁年年，湘水奔流！六月的校园，精彩纷呈；别离的诉说，浓情溢美。随着毕业季的步点，你们即将结束大学生活，带着母校、老师和同学的美好祝福，告别中南，告别湘雅，踏上人生新的征程。

作为一名学生党员，你们在中南大学经历了一个思想不断成熟的过程。入党申请书里，你们积极向党组织靠拢的诚恳话语是你们的初心；鲜艳的党旗下，你们高举右手说出的铿锵誓言是你们的使命。学院老师会记住，你们在党员活动中活跃、灵动的身影；全院学生会记住，你们事事在前、时时在先的风采。你们努力、向上、拼搏、进取，在大学生活的锻炼中终于成长为一名优秀的学子。十年磨一剑，梅花苦寒来。回顾大学生活，你们青春闪光；展望未来，你们鲲鹏万里！

毕业之际，学院党委代表全院师生怀着期盼的心情，向你们提出如下期望和祝愿。

不忘初心、牢记使命

你们身为共产党员，从写入党申请书的那天起，就已经知道，中国共产党的初心和使命就是为人民谋幸福，为民族谋复兴。无论你们以后身处何处，都要时刻牢记共产党员的初心和使命，牢固树立“四个意识”，不断强化“四个自信”，坚定信仰，学好本领，努力成才，发挥作用，服务人民，勇敢肩负起时代和历史使命，努力成为实现中华民族伟大复兴的中国梦的主力军。

铭记师恩，心系母校

记忆中南，师恩永存。是老师的谆谆教诲让你们从幼稚走向成熟、从依赖走向独立、从单薄走向厚重；是“经世致用、知行合一”的校训和“向善、求真、唯美、有容”的校风赋予你们实干担当、开拓创新的精神，托起你们挥斥方遒的梦想，展开你们搏击长空的翅膀。在即将告别母校之际，请向辛勤培育过你们的师长诚挚地道一声“珍重”。迈出校门，无论你们去向何方，离开母校走多远，要始终牢记自己是中南人，永葆中南人的本色，通过自己的努力和贡献为母校增光添彩。

坚定梦想，努力奋斗

校党委易红书记在今年学校的毕业生座谈会上寄语毕业生：“在面对困难和诱惑时，要坚持梦想，努力奋斗，把梦想化为源源不断的动力。”毕业生党员是毕业生中的先进分子，更要坚持梦想，努力奋斗。坚持是一个人优秀的品质，是一件事情取得成功的核心要素。“风雨过后，必有彩虹”；坚持过后，必是收获。

率先垂范，文明离校

作为学生中的优秀代表，离校时，你们要带头遵纪守法，发挥党员的先锋模范作用，以“最美的姿态”告别母校，要号召和带动周围同学遵守校纪校规，言行雅正、举止文明；要爱护校园环境、爱护学校公共设施、爱护学校公共财物，带动身边同学认真打扫寝室卫生，确保室内设施、家具完好；要增强防范意识、自我保护意识，注意财物安全，做到安全离校；要在集体活动中协助维持公共秩序，做文明离校的倡导者、引领者和实践者。

终身学习，久久为功

在校期间学到的知识只是沧海一粟，进入社会后，你们要面对不断产生的新问题、新矛盾，更要不断地迎接新挑战、承担新任务。因此，大家一定要牢记习近平总书记在北京大学师生座谈会上对青年树立和培育社会主义核心价值观的要求，在“勤学、修德、明辨、笃实”上下功夫，积极学习并弘扬社会主义核心价值观，保持终身学习的习惯，保持终身立德修身励志进取的姿态，不断充实提高自己，主动适应社会发展的要求；要不断坚定人生的奋斗方向，坚定不移地朝着目标前进，在追求梦想的进程中、在新的广阔天地里，“迈稳步子、夯实根基、执着坚守、久久为功”，努力做新时代的追梦者和圆梦人，为谱写伟大新时代的新篇章做出新贡献。

最后，祝所有的毕业生党员身体健康、工作顺利、家庭幸福、前程似锦！

（本文为笔者写给中南大学湘雅护理学院2018届毕业生党员的一封信）

在湘雅护理学院2018级研究生见面会上的发言

/ 袁世平 /

2018级全体研究生同学：

大家好，祝贺大家在圆满完成上一阶段的学习后，顺利攻读硕士研究生或博士研究生，欢迎大家来到湘雅护理学院，恭喜大家就读的是全国A+学科的湘雅护理学科。我是学院党委副书记袁世平，分管学生工作，我们以后见面和接触的机会还有很多。今天，我有几个词语想和你们分享。

第一，认识。除了你自己的导师外，有几个老师大家一定要认识并记住。研办主任肖江龙老师，学办主任、研究生辅导员李文老师。具体负责研究生的学习和培养工作的是肖江龙老师，主要负责日常管理和服务工作的是李文老师。你们每一个人都要在手机里存一下这两位老师的办公地址、手机号码，最好也能加他们的微信和QQ。他们有对你们进行教育和管理的权力，更有为你们答疑解惑和提供服务的责任和义务。请大家认识并记住王红红老师和我本人，我们俩是我前面介绍的两位老师的分管领导，他们解决不了的事情就找我们，他们有不公、不当、不尽职的地方更要找我们。也请大家记住学院的书记和院长，后面我会把书记和院长的办公地址、办公电话和邮箱给你们，你们有不满或者诉求，就找这两位领导反映。最后我想说的认识是，你们应该认识自己的同学，每一个人都要认识，并且多联系、交流。

第二，集体。研究生主要以课题组为单位进行学习交流，这是一个小集体。但是，这个小集体必须服从学校和学院这个大集体。同时，研究生有党支部、团学会、班集体，大家要融入这些组织中，配合相关同学的工作，也要积极参加各项活动。

第三，纪律。用一句话概括就是：必须遵守学校和学院的相关规定和规范，必须执行相关部门和老师代表学校和学院发出的通知。

第四，平安。虽然大家经历过本科的学习，已经很成熟了，但你们依然会面对一些风险。防火、防盗、防骗、防意外伤害是永远需要谨记的。现今网络诈骗的招数层出不穷，防不胜防，无论你们遇到多大的困难、多么缺钱，都不要参与网贷，更不要有任何贪欲，很多时候被骗的原因就是有想占便宜的心态。告诉大家一个万能的方法：遇到和钱有关的事情，先问一下你的导师或者李文老师和我再做决定。还有安全，特别是身心安全是最重要的，大家是学医的，应该知道什么是心理健康，什么是心理问题。我希望你们在遇到问题时不要害怕和回避，更不要隐瞒，只要你们说出来，我们就能帮你们解决。

第五，学习与责任。到了研究生这个层面，如果不认真学习，我觉得就太亏了，因为时间太宝贵了，三年后，你可能只是有了个研究生文凭，却被没有读研究生的本科同学远远地甩在后面。同时，湘雅护理学科的兴衰成败和你们有很大关系，未来就靠你们了，大家要保护好这块招牌，你们都要立志做这个行业的领军人才。

第六，能力与锻炼。研究生阶段不是只有书本知识的学习，还有很多东西需要大家去学习。大家要抓住一切机会去经历和锻炼，提高自己的综合素质和各方面的能力。这是大家在求学阶段最后的机会了，这个时候不去提升自己，走上社会后可能就来不及了。

（本文为笔者在中南大学湘雅护理学院2018级研究生见面会上的发言）

湘雅护理学院2020届毕业生毕业寄语

/ 袁世平 /

亲爱的学院2020届毕业生：

明天就是端午节了，疫情得到了控制，节后你们也将会返校，但这次你们返校却是为了离校。今年是我工作的第20个年头，也是我第20次送毕业生离校，也是最特殊的一次。我有想给大家写点什么的想法很久了，但一直在纠结我写的东西是否有用。但此时此刻，我有强烈的愿望想写，所以我放下手头所有的事情，写下自己最真实的想法。

第一，面子。这是我想和你们说的第一个关键词。为什么是面子呢？因为我迟迟没有动笔写的原因，归根结底就是面子问题，我怕自己文笔不好；我怕你们并不欢迎我；我怕……但不管怕的是什么，核心的都是面子。因为面子，我们曾经错过了很多可以去尝试的机会，而留下了或多或少的遗憾；因为面子，我们曾经把多少话留在心里，而让彼此不能了解，甚至产生误解。你们马上就要毕业了，对母校、对亲人、对老师、对同学，有什么想说的，就赶紧说，有什么想做的，就尽快做。因为过了今天，大家可能会很少见面，甚至很长时间不能见面。在今后的日子里，希望大家不要害怕丢脸，想做的事情，只要是正确的就去大胆去尝试。事在人为，只有努力尝试了，才有可能做成。

第二，强大。这是我想和你们说的第二个关键词。要有强大的内心，不管未来面对什么困难，你们都不能退缩，都要去面对、去解决；要有“强大”的本领，你们要相信，只要有真本事就什么都不用怕，但本事是靠努力奋斗获得的；要有强健的体魄，健康是幸福的前提，要养成良好的生活习惯，培养一项运动爱好，运动后的汗水，是最好的“面膜”和“护肤品”。

第三，卓越。这是我想和你们说的第三个关键词。你们每个人都曾有过“辉煌的经历”，在你们的求学过程中，如果你们不追求卓越，肯定进不了中南大学。你们身上有着“高贵的血统”，你们是双一流 A 类建设高校、全国 A+学科护理学科培养的学生。你们不应该为了生存而挣扎，而是要为了实现自我价值而奋斗。物质（比如钱）虽然很重要，但到了一定程度，它可能就只是个概念。要相信精神可以决定物质，在你们追求卓越的过程中，物质是一个水到渠成的衍生品。

第四，善良。这是我想和你们说的第四个关键词。我们是不是对这个词语越来越陌生了！是的，善良有的时候可能“没用”，但如果把善良丢掉了，我们就“没救”了。不管遇到什么，请记住这两个字。

第五，家国。这是我想和你们说的第五个关键词。家国是什么？是情怀。我们每个人都要有家国情怀，永远都不能忘了我们是在哪里长大的，是在哪里求学的。爱国是永恒的主题，为国奋斗是我们终身的课题。别小看了自己，国家需要你；别轻视了国家，没有国家就没有你。

毕业是一段旅程的结束，却是另一段更艰辛的奋斗之路的开始。希望你们能踏踏实实做事，老老实实做人，鼓足勇气，满怀信心，学会主动去把握机会，学会主动去思考工作，因为未来的五年决定了你们职业发展的基础。

我很感恩，能在中南大学湘雅护理学院遇到你们，和你们相识、相聚，有了这一段师生情谊。未来的日子很长，但我会把你们始终挂在我的心上。请记住，这里是你们永远的家。不管你们走到哪，我们都会在这里守候，就在你们身后，只要你们回头，学院和老师就在你们一个“转身距离”的地方！

（本文为笔者给中南大学湘雅护理学院 2020 届毕业生的“毕业寄语”）

十年曾一别，今朝得相逢

/ 袁世平 /

亲爱的2009届各位校友：

欢迎你们回家。接到通知让我代表你们的辅导员发言，我稍稍犹豫了一下后就欣然同意了。犹豫是因为我不是2005级学生的辅导员，欣然接受是因为我们学院历来有着一个非常好的传统，充满着仁爱之心的老师们，把每一个学生都放在自己的心里，每一位学生在老师心里都有着同样重要的位置；富有家国情怀的学生们，尊师重道，把每一位老师都记在自己的心里，每位老师在学生的心中都有着同样重要的地位。所以呢，我既然做过学院的辅导员，也就是你们的辅导员。

昨天是一个普天同庆的日子，我们伟大的国家再一次让世界瞩目，宣告了她的强大，我们每一个人也都怀着无比骄傲的心情，观看了阅兵和其他的庆祝活动。家是最小国，国是千万家，国家的强大，也有你们的一份功劳，十年来，你们在各行各业奋斗，见证也参与创造了国家的强盛。在这个特殊的日子里回家团聚，你们的心情一定很激动，我们也一样！

记得我每一次回东北老家，我的父母总是盯着我看来看去，虽然不说话，但幸福却洋溢在脸上。今天你们回来了，老师们也是这样的心情与感觉，也想多看看你们。放眼望去，我感觉大家都胖了。我想这可能有两个原因：第一，你们的肚子里装满了知识和担当，心里憋满了对母校、母院、老师和同学的想念；第二，你们必须用伟岸的身躯，扛起肩上的家国责任。

大家千里迢迢从各地赶回来，不容易；相聚的时间很短暂，要珍惜。我建议大家抓住机会，做好以下几件事情：

①把十年的酸甜苦辣和老师认真唠唠，和同学好好谈谈。

②再去看看当年待过的地方、走过的路；当年没来得及说出来的表白，大

胆地说出来，但注意一点：只能说说，因为已经回不去了。

③母院是一个有取之不尽的宝藏的地方，多吸取点营养和力量。

④十年重逢仍少年，举杯相劝莫相拦。但还是别喝太多酒！

最后，我想说：我们的名字本身没有分量，但在前面加上中南大学这个称谓的时候，就有了分量，不仅我们自己底气十足，别人看我们的眼神也不一样，我们要永远以母校为荣，努力为母校争光。有事没事多回家看看，母校永远是你们最坚强的后盾，忙与不忙，同学之间多走动来往，一家人互助互帮，就会凝聚起最强大的力量。十年，你们的事业已经起步，未来，你们的事业会更辉煌。让我们一起祝伟大的祖国繁荣昌盛，祝母校更加兴旺！祝老师们和各位校友幸福安康！祝大家聚会愉快！

（本文是笔者在中南大学土木建筑学院2009届毕业生毕业十周年返校座谈会上的发言）

努力100天，幸福一辈子

——参加小女中考誓师大会发言稿

/ 袁世平 /

尊敬的各位老师，亲爱的同学们：

今天是中南大学二附中三年级学生中考誓师大会，不知道同学们是否紧张。作为一名学生家长，我是紧张的，同时更充满了感激和期待。我想，这也能代表所有家长的感想。

首先是感激，我们要感激一路走来，所有为同学们付出努力和心血的老师们。教育是民族振兴的基础，知识是个人未来幸福的基础，而这两者的基础是为学生传道、授业、解惑的老师们。所以我要代表所有的家长和同学，向各位在场的和没有在场的老师们，说一声：谢谢！

我要代表家长感谢所有孩子。一路走来，你们也辛苦了。感谢你们出现在我们生命中，因为你们，让我们觉得一切都有了意义，无论做什么都有了动力，当然也让我们尝尽了酸甜苦辣。因为你们的一举一动、一言一行都牵动着我们的心，尤其是你们的学习。当然这个话题，如同我们之间的一场“博弈”，你们可能会认为你们屈服了，委屈了，向家长低头了，但你们可能不知道，因为你们，我们有时候，内心已经如“黄河决堤”，在咬牙切齿地走向你们时，有个声音不停地在呼唤：冷静，冷静。我们也不知道怎么回事，本来的一场“暴风骤雨”却变成了“风和日丽”。但更多的时候，我们严厉的外表和语言下的对你们的管束和批评，是我们内心对你们最真实的爱护和保护！你们现在可能还不理解，总有一天会理解的。

然后是期待，它分为长远的和眼前的两种。长远的期待从你们出生那一天就有了，一直都没变过，而且永远都不会变，那就是：你们未来的生活是美好的、幸福的。但美好的生活不是天上掉下来的，是靠自己奋斗出来的。一个人人生不同阶段的奋斗主题也是不同的，对你们来说，十几年的时间有一个最重要的奋斗主题，那就是：学习！因为它持续的时间太长了，所以你们会疲惫、会松懈，有的时候甚至会“停顿”。但这没有关系，学习什么时候都不晚，付出什么时候都会有收获。所以我们眼前最大的期待就是：还剩100天了，你们能尽自己的全力努力学习，在即将到来的中考中都有一个好的成绩。努力奋斗100天，你们就会幸福一辈子，因为中考真的太重要了！

最后是祝愿。祝愿你们每个人在中考中都能考出优异的成绩，这个祝愿不是空中楼阁，它是有现实依据的。这个依据就是大家是中南大学第二附属中学的学生，这个学校和学生在全省是知名的，名字是闪亮的，过去的战绩是辉煌的！也许你们中有些人的成绩暂时还不够理想，我觉得主要原因是不够努力。我想说，还有100天的时间，足够改变一切，只要你努力，不管你过去的基础如何，都可以考出优异的成绩。只要大家的信心是坚定的，行动是坚决的，学习是认真的，我相信在老师的指导下，你们每一个人都可创造属于自己的奇迹！

最后我想说，如果我们做父母的能够永远年轻，我们真的希望你们可以永远尽情地去玩耍，但我知道这是不可能的。我们今天要求你们去努力，不是为了我们自己，是希望有一天我们老了，不能再照顾你们、保护你们的时候，你们自己有能力、有本领，去面对和战胜生活中的风风雨雨。我们从来就没有希望自己的孩子是世界上最好的那一个，但希望她能成为最好的自己！

北冥有鱼，其名曰鲲，化而为鸟，其名为鹏，鹏之徙于南冥也，水击三千里，扶摇直上九万里！何其潇洒、自由、气势磅礴。在今天这样的时代，你们每个人都应该有鲲鹏之志，未来也一定会有鲲鹏的气势和逍遥。还有100天，努力，努力，再努力！努力100天，幸福一辈子！相信你们自己，你们一定行的，我们等着！

（本文是笔者在2022年3月小女即将中考，参加中南大学第二附属中学的三年级学生中考誓师大会时的发言稿）

全面从严治党背景下大学生党员发展质量保障机制研究

/ 袁世平　连　选 /

大学生党员是中国共产党注入新鲜血液的重要组成部分，是党未来事业的希望，从高校大学生中发展和吸收优秀青年才干，壮大基层党组织力量是十分必要的。为保证党员同志的纯洁性和先进性，高校党组织应大力加强对大学生党员发展过程的把控，在发展党员过程中重视发展质量，否则将直接影响工作成果，甚至有损党的形象。新形势下，国际局势日益复杂，社会问题不断增多，对党员质量提出了新的要求。因此，在全面从严治党背景下，高校加快建立并完善一套行之有效且规矩严明的大学生党员发展质量保障机制，显得尤为重要[1]。

一、学生党员发展质量保障机制构建的意义

（一）有助于提升党员发展质量

据统计，中共党员人数从1921年建党之初的50多人，发展到截至2021年6月5日的9514.8万人，目前党员人数还在呈迅速上升的趋势，越来越多的人加入党员队伍中；党员文化程度有了明显的提高，大专及以上学历党员有4951.3万名，占52.0%[2]。然而，随着党员队伍的日益壮大，党员质量却日趋参差不齐的态势。当前，我党面临的各项任务和挑战十分艰巨，这无疑对党员发展质量提出了更高要求。高校大学生党员是未来社会各行各业的中流砥柱，党员的发展质量和我党今后各项工作的顺利开展紧密联系。保障学生党员发展质量，有利于建设高质量的党员队伍，从而培养高素质人才，为实现中华民族伟大复兴的中国梦输送优质的后备军。

(二)有助于推动高校思想政治工作

高校大学生党员队伍有力促进了高校的改革、发展与稳定，对推动高校思想政治工作起到了积极作用。第一，优秀学生党员可以带动身边青年学生的思想。习近平总书记指出，要有效发挥基层党组织战斗堡垒作用和共产党员先锋模范作用。充分发挥先进学生党员的模范性与示范性，使优秀党员在青年学生中树立榜样，有助于提升青年学生的整体思想水平，从而有利于高效推动高校思想政治工作。第二，研究提升青年学生思想水平的方法，可有效推动高校思想政治工作。在提高大学生党员发展质量的过程中，方法论是尤为关键的，可以将提高学生党员发展质量过程中较为有益的方法，经过一定程度的修正，使其更贴合青年学生的思想现状，而后应用到推动青年学生思想政治的工作中，以达到事半功倍的效果。

二、高校大学生党员发展过程中存在的问题

(一)党员推选要求不明晰

高校团组织在党员推选过程中的要求不明晰，其大体存在以下三个方面的问题。第一，在入党动机方面，有些学生入党动机模糊，甚至不端正，却被团组织推选。社会日新月异的发展给学生带来了很多诱惑，以致其入党动机并不纯洁，可能存在冲动入党、跟风入党以及为自己谋福利而入党等多种不正确的入党动机。然而，由于成绩优异或能力突出等原因被团组织推选[3]。第二，在理论知识方面，学生理想信念不够坚定，理论基础薄弱。很多学生在入党之前，未对中国共产党有全面且深入的认识，就盲目递交了入党申请书，甚至不少学生并不真正信仰马克思主义，这将在一定程度上影响其对党的崇敬度及忠诚度。第三，在民主投票方面，投票选举的依据、方式不尽合理。在发展党员过程中，一些团组织选择的投票方式是举手表决或网络投票，如此简易的投票方式会导致青年学生思想上不重视党员推选，以致投票过程的真实性、严谨性都有待考证。

(二)党员发展过程不规范

在党员发展过程中，规范的发展党员程序尤为重要，很多高校未能形成规

范的发展党员机制，主要体现在以下两个方面。一是入党积极分子和发展对象的考核浮于形式。很多高校在入党积极分子和发展对象的培养考察过程中，设立的制度形同虚设，对入党积极分子和发展对象的考核也只有一次结业考试，不仅没起到督促、发展党员的目的，还会在一定程度上导致发展党员降低自身要求，阻碍提高发展党员质量的进程。二是发展党员的整体规划和工作目标不够清晰。一些高校党组织并不明确甚至不尽了解党员发展过程，评价机制也存在有效性不足的问题。党员发展过程涉及的环节紧紧相扣，然而部分高校将每个环节分门别类进行安排，不注重其内在联系，并不能形成明晰的整体规划和战略布局，致使党员发展过程各环节缺乏有机结合，存在碎片化的现象[4]。例如，党校培训和结业考试未有机衔接，导致无法检验党校培训课程的内容；很多高校错把入党积极分子、发展对象、预备党员这几个递进的阶段呈并列排序，致使部分学生错误认为走完程序就可以顺利入党。

(三)党员培训缺乏创新性

党员培训过程中，缺乏创新性的输入和实践教育环节。一是入党积极分子、发展对象的培训形式单一，且培训课程体系不完备。很多高校的党员培训仅有短短几节课的时长，培训教育流于形式，与实际联系不紧密，缺乏社会实践、研讨座谈、交流互动等环节，没有体现生动性和教育性，极大地影响了党员培训教育的效果[5]。同时，针对预备党员的教育越来越少，让学生误以为转正只是形式，渐渐放低对自己的要求。二是培训过程缺少实践性教育，不注重基层锻炼。党员的党性修养并不是仅靠书籍资料、会议研讨就能够轻易提高的。然而，高校在发展党员的工作中，对大学生的党性教育却正是以开大会、听党课等为主，鲜有能促进大学生成长成才的服务社会的实践环节，无法培养学生党员吃苦耐劳的精神和创新实践的品格，导致部分学生党员对党的理论方针政策和使命宗旨的理解停留在感性认识阶段，无法检验学生党员的理论学习成果，使他们观察问题、分析问题及解决问题的能力也有所欠缺。

(四)管理队伍缺乏专业性

发展党员的管理队伍人数较少，专业性不强。一是管理模式简易且松散，监督体制并不完善。二级学院党组织党员人数一般并不多，一般由学院党委书记和副书记主要负责党建工作，常常会出现人数少、任务杂的现象，导致很多二级学院的党员发展工作不得不依托辅导员开展。但是，辅导员同时还需兼顾其他工作，如此简易的管理模式势必会出现管理松散的现象。二是有些基层党组织对于已经成为发展对象的学生不再做过多要求，程序上草草了事。由于“三投票三公示一答辩”制度的不完善或监督机制有漏洞等，有些党组织致力于吸收优秀青年入党，而不注重其发展入党过程中存在的问题，导致很多不符合学校党建与思想教育标准的大学生党员依然留在党员队伍中。若二级学院形式主义地完成党员发展工作，长此以往会导致党内存在越来越多的不合格党员，以致伤害党组织的“肌体”，损害党组织的形象。

三、提升高校学生党员发展质量的对策

(一)从严遴选，确保发展质量

提升党员发展质量要从源头抓起，从严遴选十分必要。一是团组织在推优时，应进行多方面考察。入党动机是各项考察因素的重中之重，对于入党动机模糊甚至不端正的同学，应待其入党动机明晰且正确合理后，再进行推优。同时，应科学把握发展党员条件。例如，不应过分关注年级界限，有些高校为了毕业生更好就业而突击发展高年级党员，并没有充分考察毕业生党员的入党动机，以致有损党的先进性、纯洁性；不以学习成绩为硬性条件，只吸收学习成绩“优”的学生，而将学习成绩“差”的学生排除在外，学习成绩并不能展示学生的综合素质[6]。二是应加强对理论知识的考查。2021 年 2 月，中共中央印发《关于全党开展党史学习教育的通知》，习近平总书记强调，要深入学习党的创新理论，加强党史学习教育。要想加入中国共产党，必须深入了解党的思想、党的历史及党的执政理念，只有这样才能判断自己是否符合成为一名合格共产党员的要求。三是应改进投票方式。发展党员时，可以采取分项(政治素质、道德品质、思想水平、能力才干等)打分、总分排序的方法进行投票。

(二)从严监督，规范发展程序

大学生党员发展质量的提升离不开规范的发展程序，基层党组织要对发展党员机制进行科学把控，注重发展过程的规范化。一是对发展对象进行多方面考核，不仅局限于党课结业考试。党员要多方面发展，而党课结业考试只是党

组织对发展对象进行的单维度测评。为解决这一问题，可以定向建立考核机制，从入党动机、理论知识、政治素质、道德品行、群众评议等模块进行考核，将这些模块纳入考核指标中，对发展对象及预备党员定期开展规范严格的考察工作，深入权衡学生的各项情况，定向性地进行培训。这也是发展党员自我提升的过程，通过各项考核明晰自己的不足，加以改正，以期早日达到正式党员的标准。二是把握总体布局，建立明确的各阶段发展规划及目标，并进行监督。目前，高校党组织在发展党员的过程中，不应只注重某一环节，而要根据学生党员各阶段的发展情况，从宏观角度进行全局把控，规范对入党积极分子、发展对象、预备党员不同身份群体的不同考核标准。与此同时，还应建立监督机制，以保证发展党员工作顺利开展，如考察程序监督机制、发展程序监督机制、评议程序监督机制等，以期将发展党员工作的程序严格化[7]。

（三）从严教育，完善培训体系

党员教育需要多样化、多元化的培训体系，只有这样才能行之有效地培养出高质量的党员。一是要采用多种形式培训发展对象。高校在发展党员过程中，可定期组织学生参观纪念馆、拜谒烈士故居，相较于传统的党课教育，亲临实境的教育可以更好地提升发展党员的思想水平，增强其信念感和使命感。例如，在参观纪念馆及烈士故居后，交流探讨感受、互相学习，并将思考感悟形成文字报告，写入思想汇报上报给党组织。也可以创新方式，例如举办党史知识竞赛、每日研读活动、读书分享会等，直接且有效地加强发展党员对党史和党的新思想的了解程度。二是引导发展对象积极投身实践活动中。实践是检验真理的唯一标准，部分大学生党员缺乏实践意识，社会公益活动的参与度不高，这种缺乏奉献精神和服务意识的行为影响了大学生党员发展的整体质量。因此，在发展党员培训的过程中，要鼓励大学生党员利用寒暑假时间开展社会实践活动，例如：支教活动、红色故事宣讲活动、社会实践调研等，时刻牢记实践出真知，深入了解我国的基本国情，只有这样才能扎实培养实干精神，锤炼意志品质，切实提高党员队伍的先进性、服务性，从而提升发展党员质量。

（四）从严选拔，强化组织引领

提升高校大学生党员发展质量这项工作的意义重大，党员干部应发挥好自身的引领和带动作用。一是健全管理队伍，完善监督机制，坚决不搞形式主义。全面从严治党背景下，基层党组织必须具备一支素质优良、经验丰富的组织领导队伍，只有这样才能确保发展党员工作顺利有效进行。与此同时，应健全工作制度，提前制订相应计划，有条理地安排工作，并根据发展党员实际情况予以调整。形式主义是开展各项党组织工作的大忌，要不断完善监督机制，采用工作意见箱、新媒体平台等方式拓宽谏言通道，以杜绝形式主义的萌芽，确保党风廉洁。二是根据不同阶段的发展党员工作，确定不同的监督考察形式。例如，在团组织推优环节，监督推优过程的严谨性、真实性，杜绝弄虚作假等行为；在入党积极分子成为发展对象环节，监督教育培训体系的完整性、程序性，杜绝做表面工作、走形式等行为；在公示阶段，监督公示情况的公开透明性。与此同时，高校应定期开办培训班，对二级学院组织领导班子进行培训，以提高其工作能力，更有效地为党建工作奉献力量，保障发展党员的质量。

参考文献

[1]崔惠斌，庄凯捷，郑银坤．"从严治党"背景下优化大学生党员发展机制的探索[J]．岭南学刊，2016(2)：65-69.

[2]中共中央组织部．中国共产党党内统计公报[EB/OL]．(2021-06-30)[2021-08-08]．https://www.12371.cn/2021/06/30/ARTI1625021390886720.shtml.

[3]朱勤文，丁为，梁本哲，等．全面从严治党视域下保障大学生党员发展质量机制创新[J]．学校党建与思想教育，2018(4)：32-34.

[4]和红燕，薛建鹏．新时期下发展高校学生党员质量保证机制的研究[J]．山东社会科学，2016(S1)：64-65.

[5]王君涛．新形势下大学生党员发展质量保障体系的构建[J]．中共云南省委党校学报，2018，19(5)：81-85.

[6]邵明英，吴佳睿．新时代高校发展大学生党员标准与质量现状研究——基于北京地区10所高校的抽样调查[J]．思想教育研究，2021(4)：146-149.

[7]何伟全，陈元邦，李辉，等．新时代地方高校学生党员发展质量管理研究[J]．云南师范大学学报：哲学社会科学版，2018，50(5)：147-156.

（本文是笔者于2021年11月担任中南大学湘雅护理学院党委副书记期间，作为2019年湖南省高校思想政治工作优秀团队建设项目负责人，结合团队项目建设工作撰写的一篇文章）

从容应对毕业季，辅导员要练好“三昧真火”

/ 袁世平　连　选 /

俗话说：“编筐编篓全在收口。”毕业班学生到了在校学习的最后一年，也走到了人生抉择的关键路口。对社会而言，就业是最大的民生；对学校来讲，就业工作是重中之重；对学生家庭而言，孩子找到一份好工作是他们翘首以盼的共同心愿；而对于辅导员而言，学生的就业就像在大一时候埋下的一颗种子，四年全程用心浇灌，直至毕业时节，开花、结果，最终长成参天大树。毕业班辅导员的工作充满艰辛与挑战，需要有“逢山开路，遇水架桥”的劲头，方能收获“柳暗花明又一村”的惊喜。

“用心”筑牢教育工作

陈同学毕业时将薪酬待遇作为择业标准，最终选择了一家知名互联网公司。一年后，他给我发来邮件，“老师，我想我并不适合这里。深圳快节奏的生活和高压的工作，让我都喘不过气了……”像这样的邮件，我还收到过很多。抱着美好的愿望步入职场，但当现实与梦想碰撞，很多同学开始怀疑最初的选择，产生了困惑、迷茫，不知道未来的职业道路何去何从。学生们经过大学前几年的学习，收获了知识，思想也在不断成熟。但大部分学生对未来的职业发展的概念还比较模糊，择业时往往并不考虑自己的特点、兴趣和爱好，而是一窝蜂地挤向所谓的“好单位”，也带来了日后的诸多不适。

其实，每个学生都有自己的特点和特长，关键在于如何发现并利用好这些优势。这时，就需要辅导员们“挺身而出”，引导学生想清楚自己喜欢什么，能干什么，从而选择真正兴趣所在又能胜任的工作。在日常的工作中，辅导员可以通过邀请行业专家、领军企业校友、优秀毕业生等榜样人物返校为学生做报告，以他们的实际成功经验，引导学生精准定位、找准职业方向，帮助他们树立正确的就业观、择业观。并在此基础上，引导学生们在奋斗中成长成才，投身国家的发展建设中。

现在的大多数学生没有吃过苦，眼睛容易盯着社会上的成功人士，“速成”的想法和愿望很强烈，渴望自己的愿景通过找一个理想的工作来“迅速兑现”。实际上，无论从事什么工作，都需要沉下心来、扑下身子，付出“十年磨一剑”的执着与努力，只有这样才可能成为某一领域的专家。所以，作为过来人，辅导员要将奋斗的理念、奋斗的精神、奋斗的意义告诉学生们，传递习近平总书记的“奋斗幸福观”。记得我曾经带的2020届毕业生罗同学拒绝了多家高薪企业，选择回家乡做一名乡村教师。毕业时，她说：“我的家乡还是52个未脱贫贫困县之一，我希望可以回到村里，为家乡落后的教育做出贡献。”身边的同学纷纷为她点赞，也有的同学像她一样，选择了投身基层，到重点领域企业就业。习近平总书记曾说，“广大高校毕业生要志存高远、脚踏实地，把个人的理想追求融入党和国家事业之中，为党、为祖国、为人民多作贡献”。作为一名毕业班的辅导员，我们要将学生的成长成才与祖国的发展融合起来，引导更多学生立大志、明大德。

“用力”抓严管理工作

进入毕业年级，学生们觉得自己要离开校园了，便迫不及待地想要“自由”。辅导员有时也会觉得学生们即将离校，想要“放手”。实际上，毕业年级学生也是学生，学校的管理制度和纪律要求不能放松，我们若撒手不管他们，他们就有可能“走偏”，甚至会“闯祸”。毕业年级学生的管理工作应做到“放手不放眼”，可以放手让学生去尝试，但学生的实际情况要尽在掌握，心中有数。

校规校纪的要求一刻也不能松。比如毕业生实习实践、外出求职等，一定要严明纪律，不能因为是毕业生就有所放宽。大多数毕业生缺乏社会经验，因为焦虑，往往容易陷入“传销”陷阱，或被“高薪”引诱陷入危险处境。辅导员要通过多种方式，提高学生的法律意识，强调外出请假销假制度，当好防范学生走向歧途的坚固“闸门”。

各类信息的统计一点也不能错。毕业班学生需要统计、核对的信息种类庞杂，小到报到证、党员介绍信，大到档案、派遣证等，任何一个微小的错误都有可能会对学生未来的发展、晋升造成很大的影响。曾经一位学生选择将档案寄回原籍，我多次让他核对档案邮寄地址，他都不以为意，认为回原籍的地址是系统自动生成的，一定不会有错。谁知道，当年原籍接收档案的人才中心刚搬迁了新地址，导致他的档案邮寄一波三折。因为缺乏经验，学生们往往觉得这些事情很繁琐，难免马虎大意。辅导员作为信息的第一负责人，一定要对信息的审核严格把关，将各种可能出现的突发状况告知学生，确保“零漏洞”“零差错”。

规定动作的执行一个也不能少。有的毕业班学生认为快毕业了，就可以不参加学校、学院组织的活动了。辅导员要及时纠正学生的错误思想，积极调动毕业班的党员，发挥先锋模范作用，参与学校、学院活动，给低年级的学生做出表率。

“用情”做好服务工作

服务才能让人服气，指导才能做好引导。对待学生，需要辅导员们用真情，为毕业生打通就业的“最后一公里”。

现在的就业工作已经从传统的“面对面”转变为了“键对键”。特别是在疫情防控常态化情况下，很多企业将招聘会转移到了线上，这就要求我们要创新工作方式，逐渐适应“云招聘”“云宣讲”，成为一名创新思路传递信息的“宣传员”。

2021 年毕业季，学校通过“抖音直播”平台，邀请了多家单位的 HR 在线上为毕业生进行求职“带岗”。有学生发表评论：“在刷抖音的时候，顺便把工作也找了，简直不能太赞。”这既是对我们工作的肯定，也坚定了我们继续将工作开展好的信心和决心。

伴随学生们个性化的就业需求，就业指导工作的模式也需要逐渐由传统的“大水漫灌”向“精准滴灌”转变，应针对学生的各类困惑，为每一个学生的梦想提供“私人订制”的服务。对辅导员而言，这也意味着，我们要成为一名深入学生、精准指导的“陪伴者”，化身为求职面试的“教练员”。

刘同学一直想成为一名优秀的工程师，了解情况后，我主动为他介绍了博士生导师，引导他提早进入实验室进行相关研究。同时发挥工学博士的优势，整个假期陪他“泡”在实验室，指导他开展实验操作，进行项目研究，最终他成功授权多项发明专利，顺利签约国内顶尖的设计研究院。这份经历让我深深体会到，作为辅导员，当面对学生的不同需求时，需要为他们提供更加专业的、有深度的就业指导，让每一位学生发挥所长、实现乐业并为社会发展创造价值。

对辅导员来说，日常的工作繁杂琐碎，占据了大量的时间。但是，这并不妨碍我们提升自身能力，比如可以参加专业的就业指导培训、听企业 HR 讲座等，学习简历指导、模拟面试等基本的求职面试技巧。这在日常指导学生进行生涯发展、职业探索以及职业决策等方面，会有很大的帮助。辅导员也可以投入精力参与“职业生涯规划与就业指导”方向的课堂教学，久而久之，会逐渐成为就业指导工作的“行家里手”。

毕业生就业指导和服务工作，是一项贯穿毕业年级学生的长期、系统的工作，不能一蹴而就，需要久久为功。这项工作需要学生、家长、老师、社会齐心合力，辅导员作为其中不可或缺的部分，既要练好“用心”“用力”“用情”的“三昧真火”，为学生与用人单位架好“立交桥”；同时，也要加强自身专业化职业化建设，全力为学生搭一架“通天梯”，帮助每一个学生点亮职业理想的“灯塔”。

（本文于 2021 年 12 月在《中国大学生就业》杂志发表）

让学生走进社会，让专业衔接实践

/ 沈 菲 /

尊敬的各位领导、老师，亲爱的同学们：

大家下午好！很高兴能作为2010年暑期社会实践先进单位的获奖代表在这里发言。在学校领导的亲切关怀和正确领导下，在校团委的精心部署和悉心指导下，新闻与传播学院紧密围绕主题，引导广大青年学生在实践中认识国情，增长才干，奉献社会，社会实践工作取得了一定的成绩。在组织工作中，我们有以下几个方面的心得体会与大家分享，请各位领导、同仁批评指正。

第一，重视思想引导，组织工作合理有效。我院党政领导高度重视学生社会实践工作，成立了以方晓红院长、顾理平书记为组长的社会实践工作领导小组。神奇足球教头米卢有一句名言，“态度决定一切”。在实际执行工作过程中，我们充分认识到思想引导对学生开展暑期社会实践活动成效的重要性。通过团日活动、主题班会、动员大会、出征仪式等多样化的组织传播路径进行全员发动，我院共组建了30支小分队报名参加志愿服务类、社会调研类、创业就业见习类实践项目，其中，3支小分队获得学校资助。这从“量”和“质”两个层面确保了我院今年暑期社会实践活动的成效。

此外，我们也在组织工作由面到点深入推进的具体措施上进行了积极的探索与有益的尝试。如在暑假前，我们组织开展暑期社会实践经验交流会，请高年级学生为学弟学妹的实践项目出谋划策、传经送宝；在假期中，我们院团委老师及主要学生会干部包干到户，每人负责对接3~4支小分队，追踪了解他们的实践进程并进行实时乃至实地指导；在开学后，我们组织经验丰富的本科高年级学生和研究生对每支小分队的材料撰写和申报工作进行指导，并请我院“社会调查与统计分析”“新闻采访学”“电视深度报道”“公共关系学”等专业课程的老师进行指点把关。这些做法具有较强的可行性和针对性，事实证明也取得了很好的效果。

第二，重视方法指导，专业教师深度参与。暑期社会实践活动的成功，离不开学生的不懈努力，更离不开老师尤其是专业教师的方法指导。今年我院共有专业老师 20 人次参与社会实践的具体指导工作。他们放弃假期休息、科研及与家人团聚的宝贵时间，精心指导学生的实践项目。从调查广电产业发展眼界的开阔，到研究网络舆情认知的敏锐；从论证新媒体冲击下纸媒发展路径的与时俱进，到探究大学生村官稳定与激励机制的社会肩负……每一个项目都能看到专业指导老师们默默奉献的身影，每一处都能感受到他们独到的眼光和专业的智慧。

借此机会，我也想表达一个基层学生工作者最真实的心声：希望能有更多的专业教师帮助我们的学生进行“第二课堂”的知识求索，因为只有借助于你们睿智而专业的指引，才能真正实现“两个课堂”的有效衔接，建立和完善“课内”“课外”协调统一机制，形成育人合力。

第三，重视项目选题，立足专业紧扣热点。社会实践要求广大青年学生关注社会热点，紧跟时代潮流。这与我院“培养有社会责任感的媒体人”理念相一致。因此，我院社会实践在选题方面，要求学生们直击社会热点，直面民生百态，直观天下纵横。在项目实践中，学生们或实地采访，用镜头记录地方文化建设的现实诉求；或瞄准身边，用影像挖掘青年创业群体的生存百态；或深入车间，了解“富士康事件”阴霾中江浙沪一带劳动密集型企业流水线员工生存发展现状；或不远万里，赴北京、广州、深圳等地调研剖析高房价背景下“80 后”“90 后”大学生对城市化生活的“爱与哀愁”……

通过驾驭这些极具社会现实意义的实践项目，学生们逐渐了解和品味了这个时代。而这种可贵的实践经历和由此激发出的使命担当，也将敦促他们为成为一个优秀的“社会环境守望者”而不懈努力！

第四，重视媒体报道，注重策略讲求方法。宣传报道是实践活动社会影响力提升、实践成果社会效益转化，为学校赢得社会赞誉的关键环节。而针对传统的大学生暑期社会实践稿件在媒体上越来越难发表这一现状，我们也进行了充分的调研，并引导学生思考三个层面的问题。首先，在项目选题层面，思考“媒体关注的话题有哪些”，即要求学生们研究大众媒体的“议程设置”思路，继而鼓励他们利用传媒人所特有的敏锐洞察力，选择社会关注度高、媒体聚焦度强的话题进行实践调研。其次，在内容呈现层面，思考“媒体关注的角度有哪些”，即要求学生们选择好新闻报道的切入点，发掘实践项目中具有新闻价值的素材，提炼出给力的观点进行报道宣传，不求面面俱到，但求视角独特。最后，在传播渠道层面，思考“媒体信息的来源有哪些”。通过思考、了解，有的学生联系国家级媒体的地方记者站进行稿件输送和成果共享；有的学生利用大众媒体的大学生记者团、网络记者站、驻点通讯员等组织体系进行稿件撰写和投递；有的学生将实践成果拍摄制作成画面精美、内涵深刻的纪录片上传到优酷网、土豆网等新兴网络载体，并成功吸引传统纸媒进行追踪报道，扩大了实践内容传播的广度和深度。

《中国青年报》、《中国日报》(英文版)、人民网、《新华日报》、《扬子晚报》等近二十家媒体先后对我院的暑期社会实践活动进行了报道。同时，学院还收到了来自南京市委宣传部、浙江康奈集团有限公司、江苏省大学生村官研究所、溧阳市文联等多家实践单位发来的表扬信、感谢信和锦旗。我院的学生暑期社会实践活动受到了社会各界的普遍赞誉和广泛好评。

“让学生走进社会，让专业衔接实践”，这是我院开展暑期大学生社会实践活动一直遵循的理念。今天我们获得了荣誉，这是学校对我院师生辛勤工作与不断探索取得成绩的肯定，同时也将鞭策我们继续前行、不断超越！

（本文为笔者在南京师范大学2010年暑期大学生社会实践活动表彰大会上的发言稿）

“这份爱是身体里的习惯”

——记南京师范大学辅导员沈菲

在近 11 年的工作历程中，从青涩、不安到成熟、干练，他被学生们亲切地称为“菲哥”；他曾同时担任学校 2009 级和 2010 级的辅导员，面对 400 个性格迥异的学生和琐碎的事务，从未抱怨；在 2010 年的学生毕业晚会上，当他唱起歌曲《当我想你的时候》时，台下学生们开启手机的手电筒模式，组成一整片“星光灯海”。他觉得所有的辛苦都是值得的。他就是南京师范大学辅导员沈菲，今年 5 月，获得了第四届全国高校辅导员职业能力大赛一等奖。

“很庆幸我选择了现在的职业”

2004 年，作为南京师范大学新闻与传播学院广告学的毕业生，拥有丰富的校内工作经验和校外实习经历的沈菲，在许多电视台、报社向他抛来“橄榄枝”时，却选择留校从事辅导员工作。“虽然收入比不上在媒体工作的收入，但教师是一个受人尊敬的职业，辅导员工作意义重大。”沈菲说。

沈菲还记得第一次带学生军训时，有个男生在集体跑完 5 圈后起哄说“再跑 5 圈”。为了维持军训纪律，沈菲只让那个男生再跑了 5 圈。可男生跑完后却哭了，原来他觉得自己犯了错，拿不到“军训先进个人”奖项。沈菲第一次意识到，教师的一言一行对学生的影响很大。因此，面对学生的每件事都要谨言慎行、深思熟虑。沈菲告诉那个男生：“如果在接下来的军训中，你能用自己的行动让教官和老师看到进步，荣誉还是你的。”事实上，沈菲的这句承诺，不但鼓励着那个男生在军训过程中积极进取，还激励着那个男生在整个大学阶段奋发向上。

“教师的职位很神圣，教师的一句话、一条短信，抑或一个眼神，常常就能影响学生，这便是责任吧。”这是沈非在 2004 年最后一天写下的一段文字。刚做了 4 个月的辅导员，这段文字记录了沈非当年的不安与惶恐。转眼间十多年过去了，如今 34 岁的沈非已为人夫、为人父、为人师，角色更加多元化，不变的是他一直坚守在辅导员岗位上。

“这份爱属于‘白天鹅’，也属于‘丑小鸭’”

“我们的工作是为每个学生提供一把打开他们心房的钥匙，而不是去配一把万能钥匙。”这是沈非对辅导员工作的定义，“辅导员不能用一个固定模板去对待不同特质的学生，而要因材施教。”

当年刚走上辅导员岗位的沈非，把自己打扮得很老成，总是一副不苟言笑的样子，想树立自己在学生中的“权威”，可班上一个男生总与他唱反调。“当时很想好好‘治治’这个调皮的学生。”沈非说，“但无意中得知男生的桀骜不驯、不善沟通缘于家庭的不幸，我开始尝试着倾听他、理解他，挖掘他的长处。”在沈非的帮助下，当年调皮的男生现已是一家广告公司的创意总监，个性依旧。在谈及沈非这位像兄长一样的老师时，他激动地说：“感谢菲哥当年没有强行把我的棱角修剪齐整，否则我可能在背道而驰的路上越走越远。”

“如何保持最佳状态面对学生”是辅导员常面临的难题，沈非的秘诀就是“以心换心”。他认为，“当真正为学生好、站在学生角度替他们考虑问题时，学生们就会信任你。我的爱不单属于那些带有光芒的‘白天鹅’，更是属于每一个渴望蜕变、渴望飞翔的‘丑小鸭’”。日复一日，沈非就像一名出色的裁缝，为每一个学生进行个性剪裁。

“比赛不是终点，而是新一轮征程的开始”

对沈非来说，人生就像一道选择题。11 年前，他选择了留校做辅导员；6 年前，他有机会转为学院的专业教师，但他仍坚信做辅导员这个选择是正确的；3 年前，因为多种原因他错过全国高校辅导员职业能力大赛，为此，这些年他不断努力，参加了今年的比赛。通过基础知识测试、博文写作、主题班会等环节的激烈角逐，沈非凭借丰富的工作经验、扎实的理论功底、过硬的职业能力和良好的心理素质，一路过关斩将，荣获全国一等奖，也弥补了那一次的缺憾。

“比赛是对我工作的总结和梳理，它不是终点，而是新一轮征程的开始。我现在在思考如何在大数据时代帮每个学生更好地成长。”沈菲说：“辅导员每天都要面对各种各样的学生资料，纸质的材料难以快速检索学生信息，而建立电子档案是一个好方法。”于是，沈菲着手打造了属于每个学生的个性电子信息档案，包括学生的个人信息、学业记录等13项信息。“如果学校能把涉及学生工作的电子化数据整合到一个信息平台，那未来的学生管理工作就会上一个新的台阶。”沈菲说。这也是他正在探索的课题。

时光飞逝，沈菲自嘲当年的“长腿欧巴”早已经变成了如今的“中年大叔”，但依然热情不减，焕发着新的生机。他始终相信，对学生的爱不是剧本里的台词，而是身体里的习惯。

（本文刊载于2015年11月18日《江苏教育报》）

回望十年

/ 沈　菲 /

尊敬的各位评委老师、各位学工战线上的前辈：

我是来自南京师范大学新闻与传播学院的一名辅导员，今年 32 岁。10 年前的 5 月，我是一名即将迈入大四的南师学子，对未来有期许也有迷惘，更有无数的不确定。那年 10 月，经历了严苛的保研考试选拔，我以比较优秀的成绩获得了“2+3”模式保研留校的机会。我清楚地记得，接到留校录用通知的那天是我的生日。也许冥冥之中是一种巧合，从那一天起，我的人生翻开了新的篇章。从此，我选择了一份崇高的职业，为人师表，也深感肩上的责任重大。

一晃将近十年过去了，这十年来，我从一开始站在比我小不了几岁的学生面前脸红心跳，到现在面对“90 后”的学生侃侃而谈，传授知识和思想，变化无疑是巨大的。这种变化，得益于辅导员岗位给予我的充分锻炼。同时，在这十年间，我越发地感受到这份工作的责任重大。我常常跟新加入这支队伍的同事说，面对每一个学生，我们所说的每一句话、所做的每一个决定，也许只是我们每天工作内容的几十分之一，但对于每一个学生个体和他背后的家庭来说，却是他们的全部。所以，学生事务无小事、无死角、无边界，我们不仅要有工作热情，还要充分地掌握工作技能和方法，当然最重要的还是一份强烈的责任心。

十年来，我曾经有过数次机会离开辅导员的岗位，比如 2009 年我可以选择转教学岗位。但这些年的工作经历，让我越发留恋这个也许清贫、烦琐、压力巨大的角色，因为，和年轻的学生在一起，我觉得我生活的每一天也充满了无限的青春活力。我的付出和努力，哪怕只能给学生带来一点点的收获与帮助，我相信也一定会让他们受益终身的。

十年一匆匆，我早已从当年学生心目中的知心大哥变成如今的中年大叔，虽然身材走样但职业理想从未走样，虽体重增加但职业倦怠感从未增加。人的一生没有多少个十年，感谢这份职业，让我在最好的十年岁月里收获了学生、朋友、知识和友谊。未来的日子，我想我会继续坚守这个岗位，继续求索、提升，一切为了学生，为了学生的一切！

有一句广告语说“心有多大，舞台就有多大”，我相信，热爱这份职业、热爱每一个学生是做好这项工作的前提。只要心中有热情，属于我的这一片舞台一定会历久弥新、越陈越香！

（本文为笔者2013年首次参加高校辅导员职业能力大赛的自述）

自从有了辅导员职业能力标准，我们的追求不再盲目

/ 沈　菲 /

2009 年，做了五年辅导员的我，有机会转为学院的专业教师，但是我没有选择转。后来无数次被人问起当初为什么这样选择。我的回答很简单——辅导员这份工作符合我的喜好和特长，投入其中，我觉得很快乐也很有意义。听完之后，有人很钦佩，也有人的表情意味深长。我能理解，他人可能觉得这不过是冠冕堂皇的说辞，不就是想往行政岗位上发展呗！也有人说，“解释就是掩饰，掩饰就是自我欺骗的开始”。好吧，那就不解释，埋头干活儿。

2012 年，学校建议我去参加辅导员职业能力大赛。说实话，当时我内心是抗拒的。辅导员的工作千头万绪，比什么？怎么比？比赛会不会影响工作？比得不好会不会很丢脸？这是我当时的疑惑和顾虑。

的确，人生就是一道选择题。毫无疑问，六年前选择继续从事这份职业，我深信这个答案无比正确；而三年前选择不参赛，现在来看，这道题我答错了！

所以，今天我站在这里，把答错的这道题变成了改错题，是希望弥补那次的错误。而更值得庆幸的是，《高等学校辅导员职业能力标准(暂行)》这份文件的适时出台，让我突然发现，当年那条答对了的选择题已经变成了一道 15 分的论述题——因为，我对职业发展的追求不再盲目，而是有了清晰的目标和方向！

有人问，既然是论述题，那你的论点和论据是什么？我说，关键词只有三个：职业化、专业化、专家化。

何谓“职业化”？我认为辅导员不仅要做“运动员”，还要做“教练员”。运动员职业生涯短暂，而教练员则能利用知识和经验培养更多的优秀运动员。辅导员要成为学生的知心朋友和人生导师，就应该具有高度的职业认同感，愿意把辅导员工作当作终身职业来追求，用爱与责任、知识与技能守护学生的成长

与发展，培养更多的社会栋梁。

何谓“专业化”？我认为辅导员不仅要做“警报器”，还要做“净化器”；不仅要熟练应对学生突发事件、预警学生各类危机现象，还要用党的创新理论坚定学生的理想信念，用心理健康知识消除学生的心理雾霾，用职业生涯规划理论扫除学生的发展迷惘，用网络媒介能力净化学生的网络家园。这些都迫切需要我们通过科学系统的培训，用专业化的技能武装我们的工作。

何谓“专家化”？我认为辅导员不仅要做“打字机”，还要做“复印机”；不仅要常思考，常动笔，记录日常工作心得和学生发展点滴，而且还要在学生工作的某些领域具有较深厚的专业积淀，不断提升学术研究水平，将经验上升为理论，将做法凝练为制度，形成可复制、可传播、可推广的研究成果，从“事务型”辅导员成长为“专家型”辅导员。

很惭愧，对照《高等学校辅导员职业能力标准(暂行)》，工作 11 年的我似乎应该跨入高级辅导员的行列了，但实际上我还有一定的差距。发现差距并不可怕，重要的是目标已经明确，追求不再盲目。更重要的是，我坚信，我不是一个人在战斗！

时光飞逝，当年的知心大哥早已经变成了如今的中年大叔。对不再年轻的我来说，更应该感谢这份文件，让我更有勇气和决心来参加这次比赛，更加感受到“职业追求不再盲目”的真谛。而这份领悟，也许比比赛结果更重要。

如果你们认同我的观点，请为我，也为在座的每一位愿意扎根这份职业的你们，鼓掌、点赞！

(本文为笔者 2015 年参加第四届全国高校辅导员职业能力大赛决赛的演讲稿)

关爱学生，陪伴学生

/ 沈　菲 /

“这个冬天下了好几场雪，妈妈的电话越来越频繁，内容却无非是天冷注意保暖。末了，还嘱咐我一定要关照同学们天冷加衣，说都是些第一次离开父母的孩子，缺少了家人的照应，你作为老师，一定要多加提醒才对。我很惭愧，在母亲面前，很多时候我还是个孩子。或许我还没有完全进入如今这责任重大的角色，或许成长总要经历磨砺。教师的职位过于神圣，和微小的自己形成鲜明的对比。经常，一句话，一条短信，抑或一个眼神，就能影响那么多的学生，这便是所谓的责任吧。”

这是我在2004年的最后一天写下的一段文字。那时我23岁，刚做了四个月的辅导员。这段文字记录了我当年的青涩、不安与惶恐。一转眼十年多过去了，今年我34岁，为人夫、为人父、为人师。妈妈也老了，她把全部的精力都放在了广场舞和小孙女身上，再也无暇顾及我的工作。她说，你长大了，知道如何去关爱你的学生了。

“知道如何去关爱你的学生了”，我真的做到了吗？我实在不敢妄下定论。这些年，我越发地体会到辅导员的工作就是一份关于爱的工作。但我们不能仅仅拥有爱生之心，还要懂得爱的方法，更需要提高爱的能力。

那么，对于辅导员来说，对学生的爱到底应该是什么呢？应该如何爱学生，又如何让学生感受到你的爱呢？

我觉得，这份爱不是流水线上的批量生产，而是名牌店里的个性定制。去年春晚有一首歌曲叫《群发的短信我不回》，很多人印象深刻。群发的短信不回，是因为我们感受不到那份独一无二的祝福。同样的道理，如果我们对学生的爱没达到理想的效果，那么一定是因为我们没有用心去分析这独一无二的样本个体，没有做到因材施教、因人而异。

这份爱不是剧本里的台词，而是身体里的习惯。辅导员工作是一份良心活，需要我们用心用情地去爱学生，更需要我们把这份爱融入血液、植入基因，成为我们下意识的行为。天冷时提醒加衣，生病时呵护关心，困难时鞭策鼓励，迷惘时指点迷津。只有用父母之心、兄弟之情、师生之爱去温暖每一个年轻的生命，才能让这份爱的教育焕发持久的生命力。

这份爱不仅应该属于"小天鹅"，更应该属于"丑小鸭"。培养一个优秀学生固然可喜，可是改变一个后进生更让人感动。因为你拯救的不只是一个学生，而是一个家庭、一个家庭的几代人。

当然，这份爱也是信任、是尊重、是陪伴、是分享、是宽严有度、是率先垂范……它的内涵有很多很多。

匆匆那些年。转眼间，我已从当年学生心目中的知心大哥变成了如今的中年大叔。但"老鲜肉"也可以焕发新的生机，中年大叔也可以往"暖男"的方向进化，因为一直想做学生的一面镜子，因为一直在感知这份爱。这份爱芳香浓郁，这份爱历久弥新，这份爱百转千回，这份爱绚丽多彩！

我问我的灵魂，这是一份怎样的爱？它说，不要因为走得太远，而忘了当初为什么出发。

好吧，吾爱吾生——因为爱，所以爱！

（本文为笔者 2015 年参加第四届全国高校辅导员职业能力大赛初赛的演讲稿）

因材施教，做学生成长的引路人

/ 沈　菲 /

2004 年，我 23 岁，大学毕业，走上了辅导员的工作岗位。那时我把自己打扮得很老成，也总是一副不苟言笑的样子。希望以此来掩饰底气的不足，树立所谓的权威。可偏偏事与愿违，开学不久班上就出现了一个男生，总是和我唱反调，好几次当众顶撞我，弄得我极其尴尬。所以，可想而知，我气急败坏，我刻意打压，我甚至在想，“臭小子，这四年，你都别想有好日子过！”

直到有一天，无意中听到了这个男孩儿的故事，我愣住了。他成长在一个单亲家庭，婚姻的不幸让他的母亲极其暴躁，对他动辄打骂；每天上班就把他关在家里，门窗紧锁；他的童年记忆只有被忽视和被粗鲁地对待。我终于明白，他的桀骜不驯、他的不善沟通，甚至他的逆反与敌意，都是有原因的。

后来，我尝试着去接近他、倾听他、理解他、关心他，挖掘他的长处。渐渐地，我们的关系变得越来越融洽。毕业多年，如今他已成为一家广告公司的创意总监，棱角和个性依旧。但是他说，他的工作需要这些，这些品质成就了他的工作。他还说，谢谢你，老师，当年没有强行把我修剪齐整，让我在背道而驰的道路上越走越远。

与各位讲述这个多年以前的故事，是想分享这样一个观点——辅导员在面对每一个独一无二的学生个体时，应该明确自己的角色定位，因材施教，点对点沟通，面对面交流。

所以我认为，辅导员首先是一名辛勤的园丁，因材施教，尊重差异。园丁最伟大的地方不是修剪掉不整齐的枝丫，追求一种病态的齐整。而是懂得让每一朵花儿次第开放。中学应试教育的无奈，父母“别人家孩子”的唠叨，早已让他们疲惫不堪。到了象牙塔里，我们要有足够的耐心，平等地给他们合适的温度、湿度和养分。我们要允许花儿次第开放，迟开的花儿或许更美丽。

辅导员还应该是一名专业的锁匠，因材施教，用心倾听。有一首歌叫《群发的短信我不回》，群发的短信我们为什么不回？是因为我们没有感受到那份独一无二的祝福。而所谓的万能钥匙显然也无法打开每一扇差异巨大的心房。所以，我们要用心聆听、用情感悟，耐心打磨每一把独一无二的钥匙，走进他们的内心深处。

辅导员更应该是一名出色的裁缝，因材施教，个性剪裁。我们应了解每一位学生，了解他们性格、兴趣、能力、成长背景乃至学习方式的尺短寸长，用心为他们制作每一件合乎身形、扬长避短的衣裳。这件衣裳有它独特的风格，也有爱的温度；这件衣裳能遮挡风雨、抵御严寒；这件衣裳不仅属于“小天鹅”，更属于每一个“丑小鸭”。

2500 年前，孔子面对三千弟子提出的教育理念，给了我今天演讲的题目灵感；今天，当我们在从事辅导员这份关于人的工作时，我们习惯于说，世界上没有两片完全相同的树叶。道理我们都懂，接下来，就看我们怎么做了。

春光明媚，二月兰娇艳盛开，但我无法停留驻足。因为，学校的转专业考试报名开始了。有那么几个学生，正在摇摆、困惑。我得回去，帮他们分析，给他们建议。

连续作战，的确是有些辛苦，但青春岁月的每一步，都关乎孩子们的未来。谁让我们爱着这份事业，爱着那些颜色不一样的烟火呢？

如果你们也一样，那我们，下午就出发吧！

（本文为笔者 2015 年参加第四届全国高校辅导员职业能力大赛江苏省赛的演讲稿）

聚焦三重角色，讲好学校故事

——关于做好本科招生宣传工作的几点认识

/ 沈　菲 /

尊敬的各位领导、老师：

大家下午好！

很荣幸作为招生宣传先进个人的代表在这里交流发言，分享招生宣传工作中的点滴感悟。

从2005年第一次担任招生宣传员时的战战兢兢算起，转眼已有十年时间，其间我一直承担我校在江苏省如东高级中学的招生宣传工作。坦率地说，这份工作并不那么轻松，短短几天时间要密集接待大量现场咨询和电话咨询，来不及吃饭喝水、嗓子沙哑司空见惯；很多考生和家长对填报知识不太了解，我们必须一遍一遍讲解说明，十分考验耐心、挑战毅力；一些高校热衷于和高三班主任建立利益关系，通过明暗规则争取生源，增加了我们的工作难度，不良作风令人遗憾。

虽有不轻松，但经过持续努力的开拓，这项光荣的任务带给我更多的还是成就感和自豪感。如东高级中学是我的母校，作为校友我很自豪；十年间，如东中学为南京师范大学输送了311名优秀学子(不含独立学院)，年均31人，我全程见证参与，在其中尽了一份力，作为宣传员我很自豪；在组长蒋乃永老师的带领下，我们南通1片区招生宣传组连续多年取得优异成绩，为学校广揽英才，作为组员我很自豪；参与招生宣传工作以来，见证了学校录取分数线屡创新高，生源质量不断提升，作为南师人我更自豪！

20世纪最著名的战地摄影记者罗伯特·卡帕曾经说过，如果你的照片拍得不够好，那是因为你离现场不够近。招生宣传也是一样，如果不深入学校和考生，就得不到好的宣传效果。很庆幸，得益于学校前瞻性的规划部署，这支稳定的宣传员队伍已深入中学多年，积累了丰富的经验成果。比如恽安平老师此前撰写的《关于做好本科生招生宣传工作的几点体会》一文，就从技术层面系统阐述了相关经验和做法，给了我们极大的启发。珠玉在前，所以今天我只想和各位老师分享我所理解的招生宣传员的几个角色定位，我把它归纳为：代言人、把关人和自己人。

熟悉业务、谨言慎行——当好学校的“代言人”

招生宣传员直接面对考生和家长，言行代表学校，责任十分重大。对于考生和家长来说，他们认识和了解一所学校，也许就是从招生宣传员的一言一行开始的，特别是我们的介绍和解答，无论恰当与否，在考生眼里就是校方的立场。因此，招生宣传员实际承担的是学校形象代言人的角色。基于这样的角色定位，我们有责任和义务热情主动、耐心细致地为考生服务，根据考生实际情况提供建议。同时，还需要认真学习招生业务知识，充分掌握学校的基本概况、学科特点、专业设置、培养规格、就业情况等，切忌信口开河、胡乱许诺，慎用或者不用“可能”“也许”“试试看”等模棱两可的词语。另外，我们的仪表、态度、语言、知识、待人接物的方式，都会影响到考生填报志愿的心理。所以，在招生宣传的过程中，我们要时刻展现自信、专业、随和、真诚、稳重、踏实的精神面貌。

聚焦真实，把握诉求——做好信息的“把关人”

在招生宣传的实践过程中，宣传员还承担着信息“把关人”的角色。因为我们不仅决定着宣传的内容，还掌握着内容的加工提炼、二次输出，是影响招生宣传效果的主导因素。

如何成为一个称职的信息“把关人”？我的体会是“聚焦真实，把握诉求”。

比如在每年如东高级中学的招生宣讲会上，超过 30 所高校要在两个小时内集中宣讲，信息的累积造成的信息轰炸，往往让考生无所适从，难以选择。“聚焦真实”所要做的就是对我校的真实信息进行筛选提炼，使用考生易于理解的语言进行讲解。每年宣讲时我都会把要讲的内容提炼成三个问题，开门见山地抛出来。第一个问题是“多少分以上的考生应该认真听我的宣讲内容”，告知考生有望录取我校的成绩和排名。这是受众聚焦，锁定受众范围，保证宣讲效果。第二个问题是“南京师范大学是一所什么样的学校”，改变南京师范大学只培养师范生的固有认知。这是观念聚焦，明确学校定位，消除理解误区。第三个问题是“为什么选择南京师范大学”，重点阐述“转专业政策”和“211 高校”这两大优势。这是内容聚焦，提炼核心优势，提高竞争实力。有人说，南京师范大学的优势有很多，为什么只讲这两点？因为我发现很多高校在宣讲中都会提及培养方案、学位点等相对抽象的概念，考生及家长似懂非懂，多数人无法厘清其中的差别，多年实践也证明这些并不是考生在填报志愿阶段关注的核心问题。但是“转专业政策”和“211 高校”这两点聚焦了多数考生当下的现实关注，反倒容易让考生印象深刻。

而在一对一的咨询过程中，“把关人”更需要洞察和捕捉考生和家长的心理需求，进行有针对性的信息输出。在招生宣传中，考生的心理需求基本可分为职业需求、专业需求和个人需求。比如，有人关注某某专业学什么、将来做什么、就业前景如何；有人关注其性别和性格适合学什么；有人关注学校在学术研究、个人深造、个性发展方面能为他做什么。针对不同心理需求的考生，我们要做的就是准确判断、区别对待，提供个性化的建议。

真诚沟通、以心换心——成为考生的“自己人”

“自己人”是社会心理学中的一个名词。很多老师都有这样的经验：跟学生交谈，如果说起自己的经历往往容易引起学生共鸣，沟通效果特别好，其实这就是利用了“自己人效应”。

在每年的招生宣讲会上，我都会强调自己如东高级中学校友的附加身份，介绍一位如东高级中学往届考生考入南京师范大学后的发展轨迹，在一对一咨询中我也常常使用家乡方言与考生及家长进行交流。所有这些，实际上都是为了强化“自己人”的角色定位，增强考生的认同心理，增加宣传的实效性。

当然，要真正成为考生的“自己人”，我们必须用真实的信息说服人，用真诚的态度感动人，用务实的作风吸引人。我们在招生宣传中，要时时考虑考生的城乡身份、文化背景、个性特征，采取适当的感性诉求方式，真诚沟通、以心换心，赢得考生信任。

在今年的招生宣讲会结束前，我和考生讲述了自己当年因为缺乏指导，最终通过抓阄的方式决定报考专业的无奈糗事，并承诺对所有来咨询的考生重点进行专业填报的指导。这段真实的经历其实也是大多数普通考生和家长的现实困惑，所以引发了现场共鸣。虽然宣讲会后的工作量增加了很多，但确实收到了不一样的宣传效果，锁定了一批目标生源。

最近，我在筹划建立如东高级中学南京师范大学校友会，尝试通过这个平台长期系统地关注如东高级中学生源在南京师范大学的发展，收集更多"自己人"的成长故事，帮助他们做一些力所能及的事情。我也希望通过一段时间的培育，使用微信、微博等新媒体技术平台，让更多的"自己人"为今后在如东高级中学的招生宣传蓄力发声、远程指导。

以上就是我对招生宣传员"代言人、把关人、自己人"三个角色定位的简单分享。有人说"总结是最好的成长方式"，今天我的总结谈不上经验，只是个人亲历后的一点感悟。既然是成长，就难免有错误和不当之处，请各位老师批评指正。

最后，在新的一年即将到来之际，祝愿我校招生工作来年再创辉煌，祝各位领导、老师身体健康、工作顺利！

（本文为笔者在南京师范大学2014年度本科招生工作总结表彰大会上作为招生宣传先进个人代表发言的讲稿）

我对“社会实践”四个字的理解

/ 沈 菲 /

尊敬的各位领导、老师、同学：

大家下午好！在南美大陆足球热潮席卷全球、古都金陵青奥盛典大幕将启的六月，我校大学生暑期社会实践活动也将拉开序幕。我很荣幸作为暑期社会实践的教师代表在这里发言，并与同学们一起，在即将奔赴祖国各地之前，进行出征前的誓师。

新闻与传播学院的专业多为应用型专业，实践教学也是人才培养工作中的重要环节。在历年社会实践活动中，我院始终围绕学生的专业发展和成长需求，注重引导和组织学生自觉参与社会实践活动，努力使社会实践成为大学生历练才干、增长本领、锻炼能力的发展平台。而在我个人十年的共青团工作生涯中，带领学生共同完成的社会实践项目，也成为最难忘的工作经历。2006 年，重走长征路，金沙江畔、大渡河旁、泸定桥下，峻岭险滩、红色印记，我与学生们追古抚今，用脚步感知历史、丈量青春，那是最美的回忆；2010 年，调研大学生村官生存现状，走田间、蹲地头、住农家，几十位采访对象、几万字采访实录，中青报报道、众网媒转载，众多的新闻学子，第一次感悟到“新闻采访没有捷径”，那是最大的收获；2013 年，亚青会“青年的节日”嘉年华活动，组建多媒体技术支持团队，服务现场转播、摄像摄影，海量高清影像、千张现场图片，那是永恒的定格。

作为暑期社会实践活动的经历者、参与者和基层组织者，今天我想把我对“社会实践”这四个字的理解与诸位分享。

所谓“社(涉)”，我理解为社会实践的选题参考。经常有同学说，想参加社会实践，但又不知道选什么题目。我的建议是，“涉及时事热点、涉及百姓民生、涉及专业所学”就是你选题的标准，凡是社会关注、惠及民生、学有所用的项目，一定是有价值、能驾驭的好项目。

所谓“会”，我理解为社会实践的方法指导。“学会整合资源、学会团队合作、学会照顾自己”是我对同学们的建议。学会整合资源不仅指跨年级、跨专业、跨院校的组队原则，更包含家校联动，将家人的支持和学校的帮助——尤其是专业教师的参与指导作为智囊保障；学会团队合作则是社会实践的基本要义，分工明确、取长补短，在合作中实现目标、共同成长；而学会照顾自己，遵守纪律、服从指挥、树立安全第一的意识，则是确保实践活动顺利进行的基础。

所谓“实”，我理解为社会实践的作风保障。有人批评少数大学生的社会实践像观光团，上车睡觉、下车拍照，走走转转、横幅海报。我想，唯有将“贴近实际、追求实效、多办实事”作为社会实践的行动指南，才能改变一些人的固有成见。这就要求我们在社会实践的过程中，不搞花架子、不做半吊子，而是俯下身去、走近群众，尽心尽力为群众办实事、办好事，为基层百姓留下一些实实在在的成果，为地方发展提供一些力所能及的帮助，用自己的实际行动回报社会、回报国家。

所谓“践(见)”，我理解为社会实践的成果体现。将“见闻”转化为“见解”，最终“见诸文字、见诸报端”是社会实践成果固化的基本走向。只有将感悟梳理成文字、将经历定格成影像、将经验凝练成理论，社会实践的成果才能真正内化为伴随我们一生的精神财富。同时，如果我们能积极地利用各种媒体平台，传播我们的实践经历和成果，展现南京师范大学学子的青春风采，则又在更高的层面上扩大了社会实践的综合影响力。

以上就是我对“社会实践”这四个字的发散性理解，才疏学浅，不一定正确。但还是希望能对同学们有一定的启发和参考。

最后，预祝我校 2014 年暑期社会实践活动取得圆满成功！祝同学们取得优异的实践成果！

（本文为笔者在南京师范大学 2014 年度暑期社会实践启动仪式上的发言稿）

路还长，再出发

/ 沈　菲 /

尊敬的各位领导、各位同仁：

我是南京师范大学的辅导员沈菲，能够作为参加第四届全国高校辅导员职业能力大赛决赛的选手代表在这里发言，我感到十分自豪。

全国高校辅导员职业能力大赛是检验辅导员工作能力、交流工作心得的大舞台，体现了教育部对辅导员队伍建设的高度重视。我和所有选手一样，都倍加珍惜这难得的学习提高机会，以赛代训、以赛代练、开阔眼界、加强交流，努力提高自身的专业素养和职业能力。

在来重庆参赛之前，我很认真地查阅了重庆的地名源起，得知“重庆”二字的含义是“双重喜庆”。通过比赛，我和其他参赛选手也的确收获了这双重的喜庆。

第一重喜庆，属于我自己。成绩只是喜庆的一小部分，更值得庆贺的是我在备赛过程中所获取的工作养分。我通过研读文件、学习讲话，提升了政治素养，对当前思想政治教育工作的重点难点热点问题有了更清晰的认识；通过研判案例、提炼启示，提升了工作能力，对辅导员运用思想政治教育及相关学科知识解决学生疑难问题有了更多元的思考；通过基础知识测试、主题演讲、谈心谈话，提升了文字和语言表达能力，对辅导员“引导思想、陪伴成长”的工作定位有了更直观的理解。这一重喜庆，我愿与大家分享共勉。

第二重喜庆，属于所有参加比赛的辅导员老师们。比赛难免要分出胜负，但我坚信，所有参赛的老师都已经实现了自我超越，都是比赛的胜利者。我们通过比赛，认清自身不足，明确方向；通过比赛，相互学习借鉴、取长补短；通过比赛，提升职业自信，坚定追求；通过比赛，结下深厚友谊，亲如一家。更为重要的是，我们坚定走职业化、专业化、专家化的发展道路，我们肩负立德树人的时代重任，我们为党和国家培养合格建设者和可靠接班人，我们在中华民族伟大复兴的中国梦的征程中能够有所作为。和全国 13 万辅导员同仁一样，我们感到无上光荣！

感谢教育部思政司和全国辅导员工作研究会给我们搭建比赛平台，感谢重庆这座美丽的城市给我们带来这“双重喜庆”，感谢重庆师范大学的精心组织。比赛不是终点，而是新一轮征程的开始。要努力成为学生的人生导师和健康成长的知心朋友，我们的路还长，我们再出发！

（本文为笔者在 2015 年全国高校辅导员工作现场会上的发言稿）

职业与能力

/ 沈　菲 /

尊敬的各位领导、老师：

大家下午好！

很荣幸作为辅导员代表在2018年度辅导员工作大会上发言。岁末年初各项工作千头万绪，但学校专门召开辅导员工作会议，总结过往、表彰先进、交流心得，这是学校党委对我们这支队伍的特别关爱，也是我们每一位老师总结回望自己或长或短辅导员生涯的一次良机。

2019年是我从事辅导员工作的第15个年头，今天我想重点汇报这些年来我对以下两个问题的思考：一是如何理解自己的职业，二是如何提升自己的能力。

关于职业：不忘初心，答好“三题”

在我们每位辅导员老师的职业生涯中，可能都需要答好三道题。一是选择题，不忘初心，砥砺前行；二是改错题，检视自己，修正不足；三是论述题，谋划工作，提升能力。

2004年，我用四年时间答完了“选择题”。得益于学生时代辅导员老师的巨大帮助，我在去省级媒体工作和“2+3”推免留校之间选择了后者，成为一名学生辅导员。选择的初心在于对这份职业懵懂的认知和好感。至今我清楚地记得，接到留校录用通知的那天是我的生日。也许冥冥之中是一种巧合，从那一天起我的人生翻开了新的篇章。

2010年，我用一年时间写完了“改错题”。那时我已转学院专业教师岗一年时间，因为学工队伍人手不足，在专业教学之余，这一年里我依然兼任学生辅导员工作。在“双肩挑”一年之后，我做出了一个让所有人不解的决定，申请重新转回学生辅导员岗位。这段“转岗未离岗”“转岗又回岗”的经历，让我觉得我完成的是自我检视和航向修正。每个人的职业生涯或许都会经历一个茫然期，改错的维度也可大到生涯规划调整，小到态度能力补缺，但只要想明白自己喜欢做什么、适合做什么，并为之不懈努力，就不会后悔自己的职业选择。

2010 年起，我一直在蓄力思考“论述题”。题干是“高校辅导员素质能力提升的路径与方法”，其间有迷惘也有收获，并最终通过高校辅导员素质能力大赛找到了“穿衣镜”，寻得了“突破口”。2015 年，我获全国高校辅导员素质能力大赛一等奖；2016 年，我的论文获全国高校辅导员工作优秀论文评选一等奖；2017 年，我入选江苏省高校辅导员十九大“双巡”宣讲团；2018 年，我获评全国和江苏省高校辅导员年度人物称号。

南京航空航天大学的徐川老师有一篇文章叫《我为什么加入中国共产党》，我想我们也可以用自己的坚守答好选择、改错、论述三道题，最终去回答“我为什么选择做高校辅导员”这一宏大的时代命题。

关于能力：知行合一，提升“三术”

做好高校辅导员工作，既需要情怀坚守，更需要能力过硬。高校辅导员的工作目标是立德树人，工作任务是培养社会主义合格建设者和可靠接班人，责任重大，使命光荣。基于此，在工作实践中我给自己和团队成员提出的能力标准是提升“三术”，即“心术正”“话术强”和“学术精”，与大家共勉。

我对“心术正”的理解是理想信念坚定、处事公道正派、心系学生成长。一批好教师能造就一所好学校，一位好辅导员能成就一批好学生。辅导员的理想信念、价值观、思维方式、能力水平、责任心都深刻地影响着学生的发展。我们需要做到知行合一、表里如一、因材施教、因爱而生。

我对“话术强”的理解是公共表达能力强、谈心谈话能力强、网言网语能力强。面对“95 后”“00 后”学生，掌握学生的话语体系、拉近师生的情感距离、走入学生的内心世界，都对我们的“话术”能力提出了新的要求。天冷时提醒加衣，生病时呵护关心，困难时鞭策鼓励，迷惘时指点迷津；用父母之心、兄弟之情、师生之爱去温暖每一个年轻的生命，走入每个生命的内心世界，才能彼此成就、共同进步，才能让这份爱的事业焕发持久的生命力。

我对“学术精”的理解是用学习思维促发展、用学术思维讲政治、用学科思维办活动。我们是大学生思想政治教育工作者，教育部43号令对我们的知识储备有明确要求。学什么、怎么学、怎么用，我个人认为除了达成可量化的学术指标，我们更需要在工作实践中用好思政课程、主题班会、理论宣讲、学生活动等载体，找到理论研究和实务研究的立足点，找到思政教育和学风建设的切入点，找到学生工作和教学工作的连接点。

以上是我对职业认知和能力提升这两个问题的简单思考。新年伊始，在学校领导、职能部门和各位同事的关心支持下，沈菲思政教育工作室正式成立，这既是压力也是动力，既有责任更有使命。沈菲思政教育工作室将聚焦团队打造、项目培育、能力提升、学术研究、资源整合五大主业，努力使工作室成为展示辅导员风采的窗口、创新育人理念的平台和孵化辅导员名师的摇篮。在未来的规划中，工作室也将围绕立德树人根本任务，立足我校学生工作实际，在辅导员能力课程打造、研究生兼辅考辅培训、音视频思政产品生产、大学生生涯规划指导四大领域寻求突破。我个人的能力有限，但有学校党委的坚强领导、职能部门的扶持帮助、兄弟姐妹的鼎力支持，我对工作室的发展充满信心。借此机会，也诚邀各位同事加入，同心同向同行，凝聚强大合力，发出南师声音，亮出南师名片。

最后，在农历新年即将到来之际，祝福各位领导、老师身体健康、工作顺利，祝愿学校事业蒸蒸日上、再创辉煌！

（本文为笔者在南京师范大学2018年度辅导员工作大会上的发言稿）

时空交汇点，最美“00 后”

/ 沈　菲 /

各位领导、老师、2019 级新同学：

大家上午好！

我是新闻与传播学院的一名学生辅导员，非常荣幸能够在全校的开学典礼上作为辅导员代表发言。我想这份荣幸不仅属于我，也属于全校的 110 名辅导员老师。当高校辅导员被国家赋予“学生成长成才的人生导师和健康生活的知心朋友”这一极为重要的历史使命时，我明白，从你们入校的第一天起，我们彼此间将会延续无数的人生交集。这是我们的幸福所在，谢谢你们！

“高校辅导员”是一个怎样的存在？我不想在这样庄严的场合赘述，反正在未来的日子里，“你见或不见，他就在那里，不离不弃”；而“你辅导员是谁”这一灵魂之问也大概率会成为你大学生涯里的高频词句。你们只需要记得，辅导员老师和你在大学里遇到的所有师长一样，都会竭尽全力，为你们的青春保驾护航。

作为“距离学生最近的一群人”，今天我想和同学们分享的主题是《时空交汇点，最美“00 后”》。

我们现在所处的仙林校区，南边是桨声灯影里的十里秦淮六朝烟雨，北边不远处就是奔流不息的长江。来不及感慨“旧时王谢堂前燕，飞入寻常百姓家”，历史的回眸就已定格在“钟山风雨起苍黄，百万雄师过大江”。这是属于南京，也是属于中国的历史。七十载峥嵘岁月，几代人复兴之路。再过 20 天，我们将迎来中华人民共和国成立 70 周年；一年之后，我们将见证全面建成小康社会的历史时刻；两年后，伟大的中国共产党将迎来百年华诞；而三年后的今天，我们南京师范大学也将迎来自己 120 周岁的生日。

“扬子滔滔，钟山巍巍。”恍然之间，大学的时间轴和坐标轴，原来竟如此厚重。这不是生命的偶合，而是历史的必然。我想说的是，在这样一个极具象征性和使命感的时空坐标里相聚，愿你们每个人都有一种历史担当。因为你们不仅要邂逅历史、见证历史，更要书写将来的历史。

怎样才能过好属于你们的大学时光，并最终成长为未来历史的书写者？我想从你们身上的“标签”说起。在今年的4428名本科新生中，有4281人是千禧年之后出生，也就是说，有96.7%的同学都是如假包换的“00后”。“0”是一个特别有意思的数字，它常被用来代表起点，因为我们常说“一切从零开始”；但它有时也象征终点或者完结，因为它乘以任何数字都依然是零。因此，这个“标签”，这两个“0”，也许就是答案所在。

对于大一新生来说，“0”意味着我们要有“归零心态”。“归零心态”也称为“空杯心态”，每个人的内心就好比一只杯子，里面装满了荣誉、功利、挫折、偏见等，“空杯心态”就是随时对自己拥有的知识和能力进行重整，为新知识、新能力的进入留出空间，保证自己的知识与能力总是处于最新的状态。从哲学的角度看，保持“空杯心态”意味着对自我的不断扬弃与否定，因为只有在心态和思想上将这些东西倒空，才能重新出发，获得更大的突破和超越。我从事高校辅导员工作已有15个年头，得益于学校的培养和学生的支持，这15年里我获得了这个领域大大小小的不少荣誉。但在荣誉面前我时刻提醒自己要有一种挑战自我的永不满足感，要忘却过去，特别是忘却成功。“是非成败转头空”，要在鲜花和掌声面前保持清醒、看到差距，在困难和挫折面前不畏风雨、不失信心——这是属于我的“归零心态”。而同学们经历了高考的淬炼，今天已成为南师学子，每个人都是成功者，但过去的就让它过去吧——“往事成追忆，未来犹可追”，手捧一只空杯，迎接新的生活方式、新的学习方法、新的知识体系、新的人生挑战，才是当下最紧迫的任务。

对于大学生来说，“0”意味着我们还要有“敬畏心理”。在读期间，无论我们学习成绩多么优秀、实践经历多么丰富，一旦违反了法律法规的“底线”和校纪校规的“红线”，那一切的努力可能都将化为泡影。所以，我们在多元多样多变的社会思潮中，要有“不畏浮云遮望眼”的理论自信；在纷繁复杂的网络空间里，要有“不信谣，不传谣”的行动自觉；在每一场考试中，要有“手莫伸，伸手必被捉”的自尊自爱……除了这些，我们还要敬畏生命，无论多大的困难，请相信学校和老师永远都是你们的坚强后盾，“山重水复疑无路，柳暗花明又一村”；要敬畏时间，大学时光看似漫长，实则转瞬即逝，要合理分配好时间和精力，平衡好学习和实践的关系，“少年辛苦终身事，莫向光阴惰寸功”；要敬畏知识，在浮躁的世俗中学会独立思考，在系统的学习中体会知识无价，不要等到工作后再懊恼“书到用时方恨少，事非经过不知难”；要敬畏财富，在青年时代树立正确的金钱观、消费观，合理消费、理性消费，“远离校园贷，不欠青春债”。作为新时代的大学生，只有心存敬畏之心，才能遵守规矩、守住底线、认真学习、从容生活，才能担负起历史赋予你们的光荣使命，真正成为“可爱、可信、可为”的一代。

两个“0”，看似巧合，实则必然。如同时间与地理坐标的交汇，都是给南师“00后”的一份厚礼。“时空交汇点，最美‘00后’”——前者是因，后者是果，因果之间，三分天注定，七分靠打拼。期待“爱拼敢赢”的“00后”，在毕业时都能交出一份令人满意的美丽答卷。

相信大家！谢谢大家。

（本文为笔者在南京师范大学2019年本科生开学典礼上的发言稿）

就业是最大的民生，也是经济发展的重中之重

/ 沈　菲 /

2020 年，李克强总理在政府工作报告中指出，要优先稳就业保民生，坚决打赢脱贫攻坚战，努力实现全面建成小康社会目标任务。在保就业方面，他提出要千方百计稳定和扩大就业，加强对重点行业、重点群体就业支持。今年高校毕业生达 874 万人，要促进市场化社会化就业，高校和属地政府都要提供不断线的就业服务。

今年我国高校毕业生增量、增幅均为近年之最，受多种因素叠加影响，今年就业季成了名副其实的“史上最难就业季”。就业是最大的民生，也是经济发展的重中之重。无论是做好“六稳”工作，落实“六保”任务，均把就业放在首位，政府也推出了针对高校毕业生群体的一系列就业扶持政策，体现了党和国家对高校毕业生就业工作的高度重视。

作为高校一线学生工作者，也是“史上最难就业季”的亲历者和破题者。面对疫情带来的不确定性，我想唯一能确定的是发挥我们的主观能动性，用好国家相关扶持政策，拓宽学生就业信息渠道，引导学生认清自身所长、提升就业竞争能力。具体来说就是在教育部、人社部等六部委共同实施的“百日冲刺”十大专项行动的指导下，主动担当，积极作为，帮助毕业生顺利毕业、尽早就业，鼓励引导毕业生扎根基层，到祖国最需要的地方去建功立业，让青春在为党和人民的奋斗中绽放出绚丽之花。

（云观两会：2020 年 5 月，观十三届全国人大三次会议、全国政协十三届三次会议有感）

高校辅导员：大学生网络意识形态安全教育的三重角色

/ 沈 菲 /

互联网技术和思维同思想政治教育传统优势的深度融合是高校思想政治工作发展的必然趋势，是思想政治教育焕发新活力的重要生长点。与此同时，互联网也已成为意识形态斗争的前沿阵地，高校辅导员在这场“看不见硝烟”的斗争中，应当科学认识网络传播规律，提高用网治网水平，使互联网这个最大变量变成事业发展的最大增量。在工作实践中明确自己“引导人”“把关人”“发言人”的三重角色，提升大学生网络意识形态安全教育的针对性和实效性。

增强阵地意识，成为大学生网络意识形态安全教育的“引导人”

引导，是指通过行为帮人走出困境，或是带着人向某个目标集体行动。引导者总是在被引导者的前方，可以是行为、动作上先进，也可以是思想上先进或技术上先进。高校辅导员应守好课堂主阵地，融入社交新场域，引导学生正确认识网络、使用网络，并积极参与网络意识形态安全教育活动。

1. 守好主阵地，引导学生识网用网

习近平总书记指出，当今世界正经历百年未有之大变局。在新媒体环境下，自媒体式的信息加工与传播改变了旧有的信息传播格局，形成了复杂的社会思潮和多元的社会舆论。高校辅导员应不断加强学习研究，自觉掌握意识形态理论，始终保持清醒的政治头脑，增强自身对社会热点和难点问题的观察思考、判断研读能力，守好“第一课堂”与“第二课堂”主阵地，提升对学生的思想引导力和观点说服能力。

高校辅导员应充分意识到，网络已成为当代大学生获取信息、交流思想、建

立社交最重要的媒介工具。而网络的虚拟性、开放性、互动性和即时性，也使它成为各种社会思潮和利益诉求的集散地，不断冲击着大学生的人生观、世界观和价值观。辅导员自身要正确看待网络价值——它既不会形成世界大同的“网络乌托邦”，也并非“洪水猛兽”，并在此基础上教育引导学生正确识网用网。

2. 融入新场域，引导学生同向同行

在一定意义上而言，网络意识形态场域是国家主流意识形态和社会多元意识形态的汇聚地，既是国家主流声音的发声地，也是众声喧哗的舆论场。按照功能差异，可以分为基于主流网媒的国家场域、基于微信等社交网络的熟人社会场域和基于微博、公共论坛的陌生人社会场域。而熟人社会场域和陌生人社会场域也构成了我们通常意义上理解的社交媒体，比如朋友圈、微博、微信等。对于高校辅导员来说，以学生为对象的思想政治教育工作，能否深入学生所熟知和依赖的社交媒体场域，决定着辅导员能否掌握网络意识形态安全教育的主导权。这就要求辅导员在日常工作中做足功课，主动进入大学生网上的“朋友圈”“社交圈”，真正了解学生的所思所想，把握好他们的思想脉搏，引导学生正确发声、同向同行，实现“润物细无声”的教育效果。

强化责任担当，做好大学生网络意识形态安全教育的“把关人”

美国社会心理学家、传播学四大先驱之一的卢因在《群体生活的渠道》一文中指出：“信息总是沿着含有门区的某些渠道流动，在那里，或是根据公正无私的规定，或是根据‘守门人’的个人意见，对信息或商品是否被允许进入渠道或继续在渠道里流动做出决定。”

随着新媒体的发展，“人人都有麦克风”的社交网络传播模式将思想政治教育工作带入了“丛林环境”。在这样的形势下，高校辅导员当好“把关人”，将主流和正面的声音顺畅地传递给当代大学生，将不良信息和负面舆情有效化解，对于网络意识形态安全教育显得十分重要。

1. 拓展网络工作载体，把好信息甄控关

高校辅导员在工作中运用网络媒介进行信息传播具有一定的特殊性：从传播模式来看，既有基于学生个体的“人际传播”，也有基于不同标签属性学生的“群体传播”，还有基于班级、年级等组织属性的“组织传播”；从传播内容来看，既有基于学校内部管理的工作信息，也有基于学生发展的个体信息，还有基于整个社会舆论场域的新闻信息；从传播载体来看，既有个人网络宣传阵地，比如辅导员个人微信公众号，也有公共网络宣传阵地，比如学院网站、校园 BBS、组织微信公众号等，还有即时通信工具，比如 QQ、微信等。

高校辅导员要想做好“把关人”，必须积极拓展上述各类网络传播载体，通过对新媒体传播特性和传播规律的认识和掌握，做好分类信息的甄别、加工与传播，根据工作对象和工作内容的不同灵活运用相应的传播模式。不但要在网络载体上积极传递正能量，也要善于将网络附带的不良倾向和散布的不良信息用作学生日常网络意识形态安全教育的反面素材，引导学生坚决抵制各种错误思潮。

2. 重视学生网络舆情，把好舆论引导关

新媒体的发展带来了“众声喧哗”，但其互动性和即时性也为高校辅导员了解学生思想动态和现实诉求打开了更多的“窗户”。辅导员应该充分重视学生在网上发出的“声音”，做好信息“把关”。针对学生在网络平台上表达的思想认识型信息，辅导员要第一时间进行释疑解惑，澄清模糊认识，对错误观点予以批驳和纠正；针对学生个体的发泄型信息，辅导员要及时追踪了解学生的真实身份，通过日常观察、个别谈心、朋辈教育等方法，找出发泄原因，进行分类疏导和解决；针对学生通过网络反映的建议型、请愿型信息，辅导员应予以及时的说明、解释和处理，化解、理顺存在于学生中的消极与不满情绪，营造和谐稳定的校园氛围，提高学生对辅导员的信任度，为做好网络意识形态安全教育打下坚实基础。

提升媒介素养，当好大学生网络意识形态安全教育的“发言人”

媒介素养是指人们获取、分析、评价和传播各种媒介信息的能力以及使用各种媒介信息服务于个人的工作和生活的能力。高校辅导员在网络意识形态安全教育中要想有所作为、守土尽责，除了应及时收集学生的“声音”，更需要学会利用媒介工具“主动发声”，当好“发言人”。

1. 完善知识结构，提高个人素养

“教育者的素质越高，就越能准确把握和代表社会要求，承担起输送社会要求的神圣职责，成为思想政治教育过程的成功的组织者，并取得教育的实效。”

思想政治教育与教育学、心理学、社会学、管理学、传播学、法学等诸多学科有着密不可分的关联，高校辅导员只有自身具备较高的文化素质和全面的知识结构，才能对社会热点问题具有自己独到的见解，对学生现实问题具有敏锐的观察力，在与不同教育对象的交往交谈中采取相应的沟通表达方式，使其消除距离感、增加认同感。最终让学生信服、佩服，在学生心目中树立权威形象，自觉自愿地接受教育。基于此，辅导员应按照习近平总书记在学校思想政治理论课教师座谈会上提出的坚持政治性和学理性相统一、坚持价值性和知识性相统一、坚持建设性和批判性相统一、坚持理论性和实践性相统一、坚持统一性和多样性相统一、坚持主导性和主体性相统一、坚持灌输性和启发性相统一、坚持显性教育和隐性教育相统一的要求，着重在网络意识形态安全教育的内容、话语、渠道及机制上下功夫，积极传播主流意识形态。

2. 进行议程设置，当好意见领袖

“议程设置”是指大众媒体通过设置不同的议题影响人们去关注哪些内容以及关注的先后顺序。“意见领袖”又叫舆论领袖，是某个群体关系的轴心，他们敏锐而积极，在圈子内具有威望，能影响周围人的观念和决定。

高校辅导员在主动争取网络新媒体阵地的基础上，应积极借用“议程设置”理论，从更高的起点和全新的视角去引领网络话题。一是可以通过微博的话题功能，在个人微博和团学组织微博上发起不同的专题讨论。充分利用节庆、纪念日等时间节点，把社会主义核心价值观教育渗透到学生的网络生活中去。二是可以通过微信转发和微信公众号的订阅功能，通过转载和原创信息采编，传播网络精品，把握网络话语权，拓展网络宣传思想阵地。

此外，高校辅导员作为思想政治教育工作的主力军，还应具有争当网络“意见领袖”的决心和信心，要主动向学生推介个人网络平台，争当网络“名人”“大V”，在涉及学生的关键问题上主动发声，用自己对问题的独到见解去影响身边的学生，掌握网络舆论的主导权。

（原文发表于2019年11月28日的《中国社会科学报》）

新型消费模式的蔓延：青年代购行为的产生与发展

/ 沈　菲　胡施颖 /

消费是指人们利用某种物品的使用价值或某种劳务来满足某种需要的活动。通常来说，消费包括消费者消费需求产生的原因、消费者满足自己消费需求的方式、影响消费者选择的有关因素。用鲍德里亚的话说，当今社会，“消费”不是一种附属于生产的消极行为，而是成为“生产力的一种有组织的延伸”。人们进行物物交换时，便产生了消费行为。凯恩斯认为，消费是国民收入基本流通的形式之一。在社会发展的不同阶段，受我国政治经济和文化的影响，形成了不同的消费模式，传统的消费模式依靠市场和实体店铺展开消费活动。而随着互联网的快速崛起，互联网从最初传播信息的单一功能发展到涵盖购物消费在内的丰富功能，“互联网+”背景下所产生的新型消费模式由此出现。

本文所定义的新型消费模式主要是以“互联网+”背景为依托的一种消费模式。它打破了传统消费模式必须前往店铺购买的前提，将消费过程转向互联网，通过买卖双方的线上沟通达成交易，并使用邮寄的方式寄送商品。新型消费模式的出现让已有的消费模式变得更加快捷和简便，在贸易全球化的背景下，通过互联网购买境外产品也成为新型消费模式的蔓延与拓展，代购行为应运而生。

一、代购成为一种新型消费模式

2014 年与 2015 年是我国跨境进口贸易发展的爆发期，据统计，跨境网购用户在这两年里发生了大幅度的增长，“互联网+”背景下消费方式的转变和国与国之间的贸易合作，大大促进了跨境进口贸易的发展。海外购物平台的出现，使传统消费者的消费方式发生转变，跨境进口贸易的发展进入鼎盛时期。随后，个人代购行为进入境外商品交易市场，境外购物模式的渠道增多，对消费者购物行为的影响也越来越大。

1. 代购概念的阐释

代购行为通常指海外代购，是指国内的买家通过某个人或某个机构在海外市场购买商品，然后通过邮寄、快递或者直接携带回国等途径将商品送到买家手里的购买方式。日常生活中，大部分人有过代购经历，据电子商务研究中心监测数据显示，到 2018 年 6 月底，我国经常跨境网购的用户达 7500 万人，预计到 2018 年底用户数量将达到 8800 万人。代购受到消费者的追捧，主要是源于消费者对境外产品质量、价格、品牌的综合需求。

2. 代购渠道的梳理

（1）通过跨境购物的电商平台购买

这种代购渠道主要是依靠电子商务平台进行境外产品的购买与售卖，典型代表有天猫国际、网易考拉、京东全球购、苏宁海外购、美国跨国电子商务公司亚马逊和小红书等。这些平台一方面有企业的信誉保证，同时由于口碑的积累拥有大量的客户流，因此成为国人常用的境外购物电商平台。据电子商务研究中心监测数据显示，2018 上半年中国跨境进口电商交易规模达 1.03 万亿元，同比增长 19.4%，预计 2018 年全年将达到 1.9 亿万元。中国电子商务研究中心发布的《2016—2017 年度中国跨境进口电商发展报告》显示，在 2016 年主流的跨境进口电商平台中，按整体交易额计算，网易考拉海购排名第一位，占据 21.4%的份额；天猫国际购名列第二位，占据 17.7%的份额；京东全球购排名第四位，市场占比 15.2%；小红书排名第六位，占比 6.4%。由此可见，跨境购物电商平台已经占据了代购市场的大部分份额。

（2）通过个人代购购买

通过个人代购进行购买的渠道，主要是指没有企业背景，由个人发起的代购行为。这种代购行为由职业代购商发起，职业代购商在国外门店购买消费者所需产品，使用互联网通信软件与消费者进行沟通和交易，将产品邮寄或者带回国内给消费者，通过收取一定的代购费用或者利用不同国家之间的汇率差价获利。初期的代购商通常为海外留学生、境外导游和空乘人员，但随着交通线路的发展与出国成本的降低，现今出现了大批的职业代购，专门飞往各个国家进行商品采买。职业代购由于成本低，客户流量大，因此获利较多，甚至有人辞掉本职工作专事职业代购。

(3)出国(境)差旅者义务购买

随着社会经济和文化交流的发展，越来越多的人因工作需要和度假需求前往国(境)外出差旅游。这些出国(境)差旅者在为自己购买境外产品时，也会为身边的亲友带回境外的产品。这种模式接近于个人海外代购，但区别在于这类代购者不以获利为目的，因此并不收取任何的附加费用。虽然没有产生经济利益，但是购买境外产品并带回，事实上已经成为代购行为的一部分。

"互联网+"背景下的代购渠道广泛，是推动新型消费模式蔓延的重要因素。然而究其根源，代购行为的普及蔓延还是来自消费者强大的购买动力。市场的主体和核心都是消费者本身，在市场经济条件下，一切的生产经营活动都是以消费者购买行为为前提的。

3. 消费群体的界定

代购的消费群体年龄不一，主要的消费群体是青年人群。电子商务研究中心监测数据显示，2018上半年中国跨境网购用户主要是25~35周岁的青年，占比59.6%，19~24周岁的跨境网购用户占比达14.3%。由此可见，消费者中的主力群体正在向"80后""90后"甚至"00后"过渡，这一批青年人群也正在成为跨境购物的主力军。

青年群体对新鲜事物往往表现出更强的接受能力，其消费能力与需求、理念的上升与更新也推动着消费行为的更迭。而消费的符号性在青年群体的消费过程中也显得尤为重要。在消费社会里，商品不仅具有传统的物质形态意义上的使用价值，而且具有文化意义上的符号价值。青年群体的代购行为，包括自我认同与他人认同的符号化呈现，境外产品自带了"地位性"的价值符号，是青年群体热衷购买的原因之一。代购热潮下，青年群体的符号消费围绕身份认同的目的实现进一步延展，受广告、时尚等多重因素影响，青年群体的消费价值观发生了改变，他们对代购的追捧也变得更加狂热，促使代购进一步发展。与此同时，消费市场的性别倾向也在不断发生变化。有数据显示，2017年的跨境购物消费者中，男性占比62.6%、女性占比37.4%。而2018年，这一比例转变为男性占比17.7%、女性占比82.3%，女性的占比实现了大反超。在现代社会环境的渲染下，女性消费者强调自我独立，为了保持生活新鲜感，她们愿意尝试更多样化的生活方式，并更倾向于购买境外的化妆品、服饰、鞋包等品牌产品。由此可见，消费需求和消费理念往往会影响人的消费行为。

二、青年代购行为产生的心理因素

叔本华早在100多年前就对人的欲望做了如下定义："欲望不能满足便痛苦，满足便无聊，人生就在痛苦和无聊之间摇摆。"人的欲望是驱使行动的最大因素，而消费就是满足人性欲望的典型心理因素之一。

1. 消费需求的变化

美国心理学家马斯洛在1943年提出了"需要层次理论"，将人的需求分为生理需要、安全需要、爱和归属的需要、尊重需要和自我实现需要，这表明人的需要是不断递增的。在我国，随着改革开放的步伐推进与市场经济的不断发展，人们的消费需求也经历了几次变化。最初，人们的消费仅用于满足基本的生活需求，局限于粮油米面等生活必需品及缝纫机、自行车、手表等大件商品。经济体制改革后，人们的消费需求逐渐上升了一个层级，电视机、电冰箱、洗衣机、收录机等家用电器成为消费需求的主体。进入21世纪，人们对商品的需求早已不再停留于满足物质生活需求的层面，消费层次递进明显，消费热点多样变化，以住房、汽车、教育、旅游、娱乐、体育、休闲、通信及数码电子消费等多样化消费品和服务热潮持续升温，成为我国居民消费迈向更高层次发展的重要标志。因此，从境外购买品牌类产品也逐渐成为人们彰显自己生活质量的方式之一。而青年消费群体作为改革开放后成长起来的一代人，则是这一需求变化的见证者与践行者。

2. 消费心理的变化

消费心理是指消费者在购买、使用和消费商品过程中的一系列心理活动。消费者在消费过程中的偏好和选择，各种不同的行为方式无一不受其心理活动的支配。消费者购买产品的出发点有很多，如资金、时间、质量、稀缺度等，这些因素从各个角度提升了消费者购买商品的欲望。青年消费群体的自我性令他们购物的出发点变得多样化，或出于方便、节省资金，或出于满足自己的虚荣心，或出于对现有消费市场的不确定、不信任和安全感缺失。种种现状，都在影响消费者的消费心理。

（1）追求物美价廉的产品

追求低价是消费者最基本的消费心理，同等商品，消费者都会选择更具价格优势的产品。在商品全球化还未达到理想状态的今天，相同的商品由于海关关税的存在，在境外的价格往往更低，而由于汇率原因，同一商品在不同国家的价格也不相同。为此，消费者自身会比较价格，主动追求更低价。

（2）追求便利和低时间成本

传统消费模式下，人们的消费场所仅限于附近的商业配套及线下商业综合体，但商业综合体往往聚集于市中心或专门商业区，并不会辐射到所有居民区。这就导致消费者若想进行消费，就必须走出家门，既花费时间，又让人身心劳累。电商平台及代购的出现，使这一现状得到改善，青年消费者足不出户就可以完成购物。代购采买并邮寄至消费者手中的方式，大大减少了消费者的时间成本，提升了购物的便利度。

（3）追求优质的产品质量

随着市场的扩大，商品品类增多，商品质量良莠不齐，少数国产商品的质量问题曝光，引发青年消费者的担忧。部分青年消费者已为人父母，不仅关注自己，也关注下一代的成长环境。然而，“三鹿奶粉事件”、肯德基“苏丹红事件”、广本雅阁质量问题、上海大众“DSG 事件”、长生生物“疫苗事件”等，让青年消费者对部分“中国制造”乃至中外合资产品质量形成不信任的刻板印象。究其消费心理，信任度与安全感在很长一段时间里都会左右着青年消费者。

（4）追求个性和名牌

青年群体思维活跃，信息渠道广，社交活动多，并且总希望在群体中展现自身的地位与价值。攀比与炫耀是一种典型的消费心理，在国外购买的产品自带“高档”标签，尤其是一些奢侈品牌通过代购渠道形成价格优势，使一些原本无法承担其购买成本的青年消费者能用相对较低的价格购入。

（5）追求趋同

传播学中有一种现象被解释为群体压力和趋同心理，指的是个人希望与群体中多数意见保持一致，避免因孤立而遭受群体制裁的心理。青年群体在进行海外产品购买时，本质的出发点是购买产品的需要，然而也有学者提出，消费的行为要比消费的物品本身更能满足消费者的需求。作为移动互联网的一代，他们每天从手机上获取不同的信息，相比长辈他们更关注自身需要的实现。同时，社会交往、产品质量和青年消费者自己的需求与喜好，也在直接或者间接地影响着其消费行为。由于从众心理，消费者往往倾向于购买大家普遍拥有的产品，在这样的心理暗示促使下，消费行为会更加频繁。这也是青年代购行为高频次产生的重要原因之一。

三、青年代购行为发展的技术因素

青年代购行为的产生发展除了消费需求和购买动机的心理因素推动，还有技术因素的推波助澜，这种因素主要就是广告。从早期街市上的各种叫卖声，到现在现实生活中随处可见的广告牌、宣传页，再到互联网上的弹窗、微信朋友圈中的定投，广告早已对人们的生活产生了重大的影响。在“互联网+”的背景下，网页、各类App、微信公众号等都成为广告发布的重要载体，因此网络广告也成为推动青年代购行为产生发展的重要途径。

1. 以“小红书”为代表的植入分享式网络广告模式

除了知名跨境购物电商平台的常规广告投放，目前基于用户分享模式的网络广告模式也在推动青年代购行为的发展。以近年大火的“小红书”为例，作为一款生活服务平台，接连赞助两档超高收视网络综艺节目《偶像练习生》和《创造101》，在上亿次播放量的基础上，“小红书”的曝光度和讨论度一路攀升。此外，当红明星也陆续入驻“小红书”，分享自己的日常和私人护肤美妆用品，一方面满足了青年群体对明星私生活了解的需求，一方面又让青年群体结合自身产生归属感，增强了话题性。2018年5月31日，“小红书”宣布公司完成新一轮超过3亿美元融资，投资人名单中阿里和腾讯两位巨头的名字赫然在列。从知悉到产生购买行为，网络广告的第一步就是引起消费者注意，然而能在短期内吸引巨大关注，“小红书”还有其“独门秘籍”。不同于淘宝、京东等电商购物平台，“小红书”的定位首先是一个生活分享平台，然后才是一个跨境电商平台。“小红书”的用户通过自己的经验积累与分享，产生高质量用户生成内容（user generated content，UGC），同时以分享推荐的方式将用户引流至自家的跨境商城；高质量的美妆、美食、潮牌分享内容聚集到一定程度，就形成了“小红书”自身较为完善的产品资料库。掌握消费者就掌握了市场，以“小红书”为代表的植入分享式网络广告模式就是抓住消费者的最好方式。

2. 微信广告的泛传播

成熟的代购商往往有自己的稳定客户群体，他们通过前期积累的微信好友扩大自己的潜在客户群，通过微信朋友圈发送广告向消费者推荐自己可代买的商品。还有的代购商通过建立微信群的方式，将购买意向偏高、购物行为频繁的用户聚集在一个群中，定时或不定时地推送商品信息，从而唤起青年消费者的兴趣，并通过低价、买赠等策略，树立自己的口碑，形成自己的"代购品牌"。此外，他们还以自身朋友圈的好友为中心建立起关系网，互相推荐，从而扩大知名度。有实力的代购商也会邀请网络大 V 在自媒体平台进行宣传，从而加速扩大自己的客户圈层，达到更好效果。

3. 从 AIDMA 到 AISAS 的传播路径变化

在我们研究消费者行为时，通常会运用 AIDMA 理论来进一步解读消费者的行为及心理。AIDMA 是消费者从接触到购买商品的整个历程，包含 attention（诱发注意）、interest（引起兴趣）、desire（产生欲望）、memory（形成记忆）、action（促成购买），这种理论适合在传统消费模式下对消费者消费过程的剖析。

而 AISAS 理论则更加适用于在"互联网+"消费环境下理解消费行为，是一种全新的消费者心理及行为分析模型，包含 attention（诱发注意）、interest（引起兴趣）、search（进行搜索）、action（促成购买）、share（进行分享）。其中，诱发注意、引起兴趣和促成购买并无明显变化，独具特色的是网络环境下最常用的搜索与分享。用户可以通过网络搜索，找到自己所需要的商品信息，促成购买行为，并在购买后进行使用体验的分享，让更多人了解并触发新一轮消费行为。

在经济全球化的大背景和大量境外产品广告宣传的作用下，青年消费者在接受大量外来信息的同时，也在主动寻找可以购买的境外产品。当交易结束时，若得到较好的用户体验，青年消费者就会通过自己的圈层进行分享与传播。在每个人的信息都可以分享传播的互联网模式下，青年消费者通过社交网络平台与购物网站平台将商品的使用体验进行分享，再次传播给圈中大众，这样一传十、十传百、百传千，通过强大的、无边扩张的社交网络，最终会促成海量级的购买行为。这种消费行为模式与传播路径的变化，也是推动青年代购行为发展的原因。

四、青年代购行为蔓延的环境因素

面对青年代购热潮，我们分析了青年代购行为产生发展的心理因素和技术因素，得出消费心理、网络广告与青年群体的代购行为有着密不可分的联系。与此同时，代购这种新型消费模式与当下的社会经济环境也息息相关，推动青年代购行为蔓延的环境因素也是我们需要探讨和研究的客观事实。

1. 政策因素

为贯彻落实《2006—2020年国家信息化发展战略》，我国出台了《电子商务发展“十一五”规划》，指出“电子商务是网络化的新型经济活动，正以前所未有的速度迅猛发展，已经成为主要发达国家增强经济竞争实力，赢得全球资源配置优势的有效手段”，从完善电子商务发展环境、创新电子商务发展模式等多个方面确立了电子商务的战略地位，明确了电子商务的发展方向和重点，并促使电子商务成为我国国民经济新的增长点。由此，电子商务在我国迅速发展。而我国“一带一路”倡议的推行、国际地位的提升及与各国的贸易战略达成也都令我国代购处于一个良好的政策环境中。

虽说青年代购行为在国家政策影响下得到蔓延，但不能回避的是，非跨境购物电商平台的代购是一种个人“规避关税”的行为。为了避免这种现象，2016年4月8日海关新政发布，全面增加跨境贸易的税率。限额、增税等一系列代购成本增值的行为，为青年代购带来了波动性的价格影响。但基于贸易差价的存在，青年代购依然处于优势一方。两相比较，国家政策一方面在推动着我国代购现象的良性发展，另一方面也在对代购现象蔓延下的不合理不合法现象进行管制。

2. 经济因素

消费能力往往受到经济水平的影响。1978年，中国平均恩格尔系数为60%，属于贫困级别。而截止到2016年，这一数据已经降低到30.1%，属于相对富裕，距离富裕也只差0.1%。也就是说，食品在消费者的消费结构中占比越来越少，随着收入的提高，人们有更多的财力去购买自己喜欢的或想要消费的商品。青年群体偏好于享受型、高端型的消费方式，在较好的经济环境下，购买能力也进一步提升。

21世纪以来，在电子商务的推动下，国际贸易进入新的增长期。一方面，居民消费能力取决于居民收入，并受社会保障等因素影响；另一方面，居民的消费能力也推动了消费增长。中国社会科学院工业经济研究所发布的2018第三季度“中国经济学人热点调查”结果显示，我国2018年的经济增速为6.6%，这从侧面反映出居民潜在消费能力的提升。居民收入的增高，国际贸易往来的增多，使消费群体拥有了更多的代购渠道和更强大的购买能力，为青年代购模式的蔓延提供了支撑，互联网支付平台的普及也使消费支付更加便利。而蚂蚁花呗、蚂蚁借呗、京东白条等贷款消费手段让青年群体可以摆脱购买资金不足的现状，客观上培养了青年群体提前消费的习惯，面对境外产品的品牌诱惑，青年群体会更倾向于享受当下消费所带来的满足感。在这样的消费环境下，青年代购行为的资金来源趋于多元，成为促使青年代购行为蔓延的重要因素。

3. 文化因素

人们的行为是通过学习形成的。在特定社会中成长的孩子会从家庭及其他重要组织那里学到基本价值观、对事物的理解。文化环境与政治经济相互影响，在强大的政策环境和利好的经济环境下，出国(境)留学和差旅的青年人越来越多。据教育部统计，2017年我国出国留学人数首次突破60万大关，达60.84万人，同比增长11.74%，持续保持世界最大留学生生源国地位。这意味着，有如此庞大的青年群体可能成为潜在的代购采买方。受人际传播的影响，关于代购行为的知识、意见、情感、愿望、观念等信息会因留学生的增多而进一步传播，代购文化会更加普及，从而进一步影响身边同龄人甚至老一辈的消费方式，令越来越多的人开始接受代购行为并使用境外产品。同时，青年群体生长在改革开放的环境下，自小受文化多样性的影响，思想具有开放性，对国外文化和境外产品的了解程度和接受程度较高，这些文化因素进一步推动了青年代购行为的蔓延。

五、结语

在信息爆炸的时代背景下，越来越多的代购黑幕被曝光，假货横行、以次充好的现象也在不断发生。于是有人不看好这种模式，认为互联网的虚拟性太强，人们永远无法知悉并确认商品背后的情况，质量和售后问题永久存在且难以解决。2018 年的 3 月 15 日，中国网财经中心发表文章《海外代购竟是“乡镇制造”，代购造假形成完整利益链条》，披露了代购产品造假的种种黑幕，“北京市价格认定评估专家管理办公室奢侈品鉴定专家、优奢易拍创始人张琛在十一年的鉴定中发现，如今奢侈品造假的水平越来越高，商品也从粗制滥造变成了足以以假乱真的地步”。针对这一现象，《中华人民共和国电子商务法》将于 2019 年 1 月 1 日正式实施，从法律层面加以规范和打击，对代购行业影响深远。另外，以往代购产品的价格优势主要受关税和人民币汇率的影响，自 2018 年 8 月 14 日中美贸易战开始，代购的价格利好减弱，性价比也随之降低。同时，由于代购行业入门门槛低，采买的电商平台和个人数量急剧增长，也使代购从卖方市场逐渐转向买方市场，消费者面临越来越多的选择。

即便如此，更多人依然对这种模式抱有希望。随着互联网技术和终端的普及，商品的交易流程将更加透明，商品信息将形成完善的产销购闭环印证，消费者将会获取更为全面的信息，购买行为也会更加安全便捷。而作为代购商来说，在法律允许的范围内，从源头上保障商品质量，通过规模化降低采买成本，依托互联网扩大自己的圈层与影响力，也将为代购行业带来新一轮的洗牌与变革。

随着生产全球化和贸易全球化的发展趋势，青年消费群体在过往的消费环境下已逐渐形成固化的消费行为习惯，境外代购这一新型消费模式依然能够持续发展并蔓延。

（原文原发表于 2019 年 1 月刊《中国青年研究》）

守住繁华，耐住寂寞

——写给研究生支教团的两位学生

/ 沈　菲 /

××、××：

最近你们哥俩儿和南京师范大学研究生支教团很火。作为陪伴你们四年成长的辅导员，我很欣慰和骄傲。我从 2014 年的秋天起，见证你俩从稚嫩到成熟、从迷惘到坚定，选择用一年时间做一件受益终身的事，而且干得有声有色。如果说在此期间我也有点滴引导，这大概就是作为辅导员最大的幸福感。

我一直想去看你们，此前电话里也多次应允你们的邀请，但似乎总有忙不完的事，不知在你们归来前还有没有机会去一次。不过比这更重要的是，我们都确信师生间的牵挂从未空缺，足矣。

这几天我看到你们的身影出现在《新闻联播》，看到××执笔写给江苏省委书记娄勤俭的信被回复批示，我和你们一样开心(当然还有老父亲般的自豪)。高兴之余，也有几句心里话想叮嘱你俩。

第一句话是既要守得住繁华，也要耐得住寂寞。“新闻联播”“书记批示”等标签不是骄傲的资本，而是奋斗的动力。不是每一项工作都能“天下晓”，后续比拼的更多是“无人知”后的坚持与积累，当然更不能只做“留声”、不做“无痕”的事。这里既有能力、机遇等因素，更重要的是心态与操守，这一点老师自己也有很深的体会，与你们共勉。

第二句话是既要做好基础工作，也要发挥专业优势。支教工作辛苦但有意义，希望你们发挥专业优势，授课之余多记录影像和文字，让更多人知晓并支持你们的事业。更重要的是让你们的学生获得可持续的支持与帮助。我坚信你们还可以做得更多更好。

第三句话是既要知行合一，也要表里如一。我坚信师徒间的相互影响和默契，你们一定能明白为师的良苦用心，一定能做到人前人后、灯里灯外一个样。“把头发梳成大人模样”很容易，但境界、格局、分寸却没有捷径可走，一定要踏实走好每一步，多一点“步步惊心”未尝不可。

纸短情长，字字是牵挂之意。话不中听，句句是肺腑之言。

期待你们归来！

随笔：写给每一个曾经的你

/ 沈　菲 /

最近，我两岁的女儿总是喜欢趴在我圆滚滚的肚皮上感受着它的圆润与柔软。每到此时，幸福与羞愧总会不约而同地浮现在我油腻、肥胖的脸上，和谐共生。

直到有一天，女儿指着家里墙上的一张照片，奶声奶气地问我："爸爸，这上面的哥哥是谁呀？"

那是我大学时候的一张照片，一位优秀的摄影系师弟捕捉到了那个精彩的瞬间：绿茵场上，红衣青年，带球飞奔，脸庞清秀，身姿挺拔……总之就一个字你们懂的。所以十多年来，我一直保留着这张照片，搬家时还特地将它装裱起来挂在了墙上。

"那是爸爸年轻的时候呀。"

"爸爸骗人，照片上的哥哥没有爸爸的大肚肚……"

无语，心塞，泪奔。

是啊，有多久没有踏上那片曾经无比迷恋的绿茵场，有多久没有穿上那双颜色鲜艳的跑鞋，又有多久没有体验那种大汗淋漓后的通透与舒爽？

总说很忙，总说没空，总说过段时间再说。可是如果失去了健康的体魄，所有的忙碌又有什么意义呢？

一瞬间，我仿佛找到了答案。

而同学们呢？

不要总窝在实验室里灯火通明，成功的事业需要健康的体魄同行。

不要总说着爱你爱你爱你爱你，动人的爱情只有一起到老才能赢。

不要总盯着电脑屏幕目不转睛，现实的世界拥有更多精彩与激情。
不要总低头玩着手机沉默不语，迈开双腿才能去体验青春与生命。
那么，就让改变从今天开始吧！如果可以，我愿加入你们，一起奔跑！

谨以此文，献给每一个曾经的你。
分享，共勉。

随笔：看罗永浩直播带货首秀有感

/ 沈　菲 /

一周前，4 月 1 日，愚人节。

咱不过。

人至中年，冷暖自知，不宜愚人，只能娱己。

在这个春风沉醉的夜晚，我确实做了一件很娱乐自己的事。

两个多小时的时间，像无数个你我他一样，我抱着手机，看一个叫罗永浩（以下简称“老罗”）的油腻中年胖子，在抖音平台进行他的带货主播首秀。

有一些人之前可能都不知道老罗是谁。这也不奇怪，如同我在很长一段时间里也不知道其他带货主播是何方神圣。

时代变了，老罗直播卖货了，沈老师也“一入抖音深似海”了。

不过请放心，作为一名教师，“从此节操是路人”这样的事情绝不会在我身上发生。

我想解释一下，看直播卖货对我来说是第一次。目的很简单，就是想看看时代的风口是什么样子，努力不被甩下太远。

这是由我所从事的职业所决定的。

与年轻人为伍，也得努力让自己知识更迭的速度快一点。

两个多小时，除了收获颈椎酸痛，也下单了一箱酸奶。

由此，也大致想起了这样一件事。

去年底，有幸受邀担任甘肃省高校辅导员素质能力大赛的评委。此前，我从未去过兰州，对大（niu）西（rou）北（mian）心向往之。短短两天时间，不仅满足了味蕾对“一青二白三红四绿”的向往，也深刻感受到了甘肃优秀同行们身上的“青白红绿”。

谈心谈话环节有这样一道题。

你的学生小欣，青春靓丽，注意个人装扮，最近她迷上了直播带货，认为这是自己今后的出路，于是开始在寝室进行直播，准备做“网红”，甚至有退学直接做直播的打算。作为辅导员，你该如何与小欣交谈？

一道看似简单的难题。

我曾经对自己心目中好的谈心谈话(交流)做过一些粗浅的总结。一是要听得懂，也就是要求我们在和学生交流时，善用身边人善讲身边事，用故事讲道理，通俗易懂，深入浅出。二是要听得进，要求我们有理有据、有张有弛、有轻有重、有声有色、有情有义，这个很考验功力。而所谓的功力，我觉得就是经验、经历加以心换心。三是要解决问题，也就是说教育引导要有策略，行动指引能出实招，扎扎实实帮助学生解决问题，而不是只会灌输说教。四是要情理合一，也就是说我们所有的语言输出和方案建议，都要符合生活的场景、逻辑和经验，简言之，就是让学生觉得有道理、能做到。

在面对这样一道题时，一位选手的表现让我叹服。

她叫夏睿，是兰州大学的一名优秀辅导员老师。

其实我和夏睿很早就认识，但因为此次兰州之行的任务特殊，所以我一直告诫自己要客观公正，不能先入为主。但夏睿的表现充分证明，我想多了。

她也想低调，但实力不允许。

夏老师是这样谈的。

“我平时也经常看直播，也买了不少东西，所以我完全理解当下通过直播进行销售已经是一个非常普遍的行为，并且未来一定大有可为。但老师希望你在直播时注意两个问题，一是不要影响舍友，二是不要影响学习。”

谈话对象在这个点抛出了既定的炸弹。“老师，学习的目的不就是为了将来找个好工作，有份好收入吗？既然我现在已经能通过直播赚钱了，学习还有什么意义，我想退学了。”

套路，满满的套路。

抛出一个微笑过后，夏老师的回应更猛烈了。

她居然开始和学生分析起直播行业！

“诚然，头部主播现在掌握着超级流量和超级议价权，所以粉丝众多，带货能力超强，自然能赚个盆满钵满。但大量腰部以下的带货主播，面临的生存压力是巨大的，你得充分考虑这个问题。学习是提升自己社会竞争力的不二之法，有些所谓捷径，可能不是每个人都能走通的。即便头部主播们今天成功了，你也要看到他们付出了多少努力，每天工作有多么拼。”

刺激，太刺激。

现场给我的感觉是，夏老师一定深耕直播带货行业多年，相关行业信息和专业术语信手拈来。而形成鲜明对比的是，在写这篇文章时，我才大致明白“头部”“腰部”的含义。

见谈话对象的态度转变不是很明显(这很符合现实工作的情况，学生中的很多复杂问题的解决很难一蹴而就，心急吃不了热豆腐)，夏老师继续扔炸弹。

“这样吧。我们今天不着急决定是不是一定要退学从事直播行业，老师想请你做件事，你既然想在这个行业里有一番作为，这件事就一定要做。你花点时间和精力，去充分调研一下目前直播带货产业的平台载体、头部矩阵和行业份额，再去搜集一下头部主播的所有采访稿，整理还原出他们的发展路径。到时老师也想一起学习了解一下，如果这个行业真的是金矿，每个人都能成功，老师一定支持你。”

要是还有时间，夏老师的下一波炸弹应该多半是兴趣、能力、性格、价值观的“自我探索”部分。

漂亮，太漂亮。

没有刻意提“职业生涯规划”，但路径极其清晰，充分利用生涯规划理论中的“自我探索”与“外界探索”，辅之以生涯人物访谈工具，牢牢把控谈话主导权。每一个举措都直击问题的关键，让学生听得懂、听得进、知道该怎么做，看似没有结尾，但一切尽在掌握。不管是否处于比赛的情境，相较于传统的说教，效果可想而知。

我努力还原当时的场景，但因为个人对直播带货行业的了解确实有限，难免挂一漏万，请夏老师谅解。

我给你打了 94 分，比评分上限少了 1 分。

因为你谈话时手势太多，语速太快，让我头昏眼花。

如果把这手势和语速用于直播带货，你一定也能做到“头部”。

但我知道，咱们一样，都更喜欢从事这份立德树人的事业。

所有的学习和对未知的渴求，一定是为了工作的需要。时代在变，学生们所思所想所遇所求也一直在变，唯有不断观察新诉求，不断吸收新知识，我们才能担此重任。

咬咬牙。

为了所有的渴求和重托。

生命不息，学习不止。

见证与祝福：为学生吴可嘉、夏天证婚

/ 沈　菲 /

各位来宾：

今天受新郎新娘的委托，担任他们婚礼的证婚人，我感到非常荣幸。说实话，当初接到这样一个任务的时候，我是拒绝的。在我的印象中，证婚人一般由新郎新娘的单位领导或家中德高望重的长辈担任，而我显然不是这样的角色。

后来，可嘉和夏天成功说服了我。为什么能说服我呢？这个故事的开端就要追溯到七年之前了。2009 年 9 月 5 日，是南京师范大学 2009 级本科新生报到的日子，我所在的新闻与传播学院迎来了 194 名本科新生，而我则成了他们未来大学四年的辅导员老师，和他们接触最多的人。在新生报到的现场，有一对孪生姐妹花吸引了很多人的关注，不仅是因为她们颜值高，更是因为她们考取了同一个专业同一个班级，我记得包括《扬子晚报》在内的很多媒体都进行了报道，报道的主角就是今天美丽的新娘夏天和她的妹妹夏爽。而在那天，也许我是唯一一个忧心忡忡的老师，因为如何在未来四年成功地辨别出这一对姐妹花，成为摆在我面前的一道现实难题。

同样是在那一天，一个高大帅气、成熟稳重的徐州小伙子也成了我的学生，和姐妹花同班，他的名字叫吴可嘉。后来，可嘉担任了班长，夏天是文艺委员。有一次，在开完班长例会之后，我与可嘉闲聊。我说你们班的夏天和夏爽我总是分不清楚，你们同学是怎么辨别的？他告诉我，可以从性格辨别，活泼外向的是夏天，安静内敛的是夏爽。坦率地说，这个方法对我来说不够实用。直到有一天，我终于找到了一个更为实用的方法，经常与吴可嘉同志同时出现的一定是夏天。没错，因为他们恋爱了。

一转眼，七年过去了。七年来，这一对优秀的年轻人从陌生人成为同学，从同学成为情侣，并最终步入婚姻的殿堂。这是一种难得的缘分。我们应该感谢他们，感谢他们忠于自己最初的选择，让我们依然相信并且亲身感受到这份校园恋情的美好；我们应该祝福他们，俗话说“十五的月亮十六圆”，也许今晚我们无法看到圆月，但我们看到一对新人因为缘分走到一起，成就一段圆满的婚姻，并送上我们最真挚的祝福，这就是一个更难忘的“月圆之夜”。

最后，作为老师，我还想叮嘱你们几句。希望你们在以后的婚姻生活中，无论贫穷或富有、顺境或逆境，都要相互扶持，互敬互爱。希望你们在未来的人生道路上孝敬父母，尊重长辈，把事业和小家庭都经营好。希望你们百尺竿头更进一步，早日创造出爱情的结晶，最好也是一对双胞胎或者龙凤胎！

小小的学生，大大的爱

——写在女儿第一段学涯结束时

/ 沈　菲 /

接到大一班班主任陈老师的短文邀约，我很意外。

我不是一个优秀的学生家长，甚至不算一个合格的父亲。

平时，我去幼儿园很少，参加班级活动很少，认识的同班家长很少，和老师接触也很少。

如果一定要找一个“懒”之外的理由，大约是因为我也是一名老师，平时工作确实比较忙。

还好，女儿比较懂事省心，因为她是班上年龄最“大”的小同学，总要拿出些乘风破浪小姐姐的风范。

可能正因为我的工作角色(其实我更愿意相信是因为女儿比我“优秀”)，才幸运地被陈老师选中，又惭愧又荣幸。

我在高校从事大学生教育管理工作，也有 16 年教龄，接触过大量从“80 后”到“00 后”的学生以及他们的家长。但我成为家长后，一直处于“新手上路，请多关照”的阶段。在与江苏省省级机关实验幼儿园(简称省实幼)及老师们接触观察的这三年中，我由衷感觉到：教育管理最小的学生，难度更大，理论性与实操性要求更高！除此之外，也更考验作为教师的责任心与爱心！

在写这篇小短文时，我刚忙完所在学院的本科生和研究生的两场毕业典礼。在毕业季的不同角色间切换，心绪难平，感慨万千。

感谢命运眷顾，36 位小可爱给了我们为人父母的机会；感谢省实幼垂青，小哥哥小姐姐们成为发小同学，也让我们成功晋级“学生家长”新角色；感谢老师奉献，给了沈奕含和她的小伙伴们最好的三年时光！

三年前，孩子们带着满脸的稚气走进省实幼的大门，迈出他们学涯的第一步。眼前的一切对孩子们来说，是那样陌生和新奇。记得开学当天，小可爱们在园里或哭闹或懵懂，我们在园外或忐忑或焦虑。但老师们用和蔼可亲的笑脸和无微不至的陪伴，消减了孩子们的不适，消除了家长们的担忧。无忧无虑的幼儿园时光从此开启。

三年来，在老师们的精心培养下，当年我们不敢放手的小宝贝，转眼间都成了听话懂事的大孩子。他们掌握了丰富的语言和知识，形成了良好的生活和学习习惯，拥有了独立自主的性格特征，具备了良好的人际交往能力，也收获了最真挚纯洁的友谊。疫情期间，孩子们经常会问同一个问题："什么时候才能上幼儿园?"他们关心木架上的小植物，牵挂鱼缸里的小乌龟，更思念幼儿园的老师和小伙伴们。

请原谅我无法用文字还原出他们三年来丰富多彩的各种活动与知识学习(再次证明"不合格"，非自谦)，但从女儿入园伊始的抗拒(这大约是每个小朋友的必经之路)到后来"不想生病，因为生病就不能去幼儿园"的转变，这些让老父亲欣喜若狂的变化背后，一定凝聚了老师们很多的心血!

感谢省实幼的各位领导科学管理、用心育人，给孩子们创造出轻松、舒适、多彩的学习生活环境；感谢大一班的陈晓梅老师、朱剑羽老师、唐洁老师，以及陪伴孩子们各段旅程的缪月老师、楼瑞红老师、周振平老师、吴晓娴老师、韩燕老师、焦腾飞老师、万金老师，用爱心浇灌着一株株"幼苗"，春风化雨，润物无声，开启心智，照亮心扉；感谢风雨无阻、坚守岗位的保健老师、保安伯伯，孩子们的健康平安离不开你们的守护……你们的慈爱、宽容与智慧，让孩子们学会感恩、理解与思考；你们用点点滴滴、经年累月的辛苦付出，为孩子们撑起了一片温暖的港湾，为孩子们的茁壮成长提供了丰富的营养。教诲之恩，守护之情，宝贝们终生难忘。

分别的时刻终会到来，作为家长，在孩子们第一段学涯的告别时刻，想告诉大一班的每位宝贝：记住水佑岗的春夏秋冬，记住老师们的谆谆教诲，记住小伙伴的每张笑脸。怀着感恩的心，从这里出发，乘风破浪，奔涌入海。

记得，三年前的八月，暑气未消，水佑岗的梧桐绿意盎然。

难忘，三年后的七月，盛夏开启，小操场的国旗鲜红如初。

奉献、合作、审美、爱心、技能、知识，以及，此生无悔入华夏。

转瞬三年，但省实幼的老师教会了孩子们很多很多。

这是孩子之幸、家庭之幸，也是时代之幸、国家之幸。

祝福孩子们茁壮成长，老师们桃李满园。

教育无他，唯爱与榜样。

真诚道一声，感谢。

拾起身边的爱

——感恩教育主题班会如何开

/ 沈　菲 /

一、班会主题分析

1. 班会时间：2015 年 3 月 23 日

2. 班会对象：2014 级广告学专业学生（24 人）

3. 班会主题：拾起身边的爱

4. 主题目的：引导大学生重视亲情、感恩父母、珍惜时光

5. 主题特点：

（1）思想性：感恩教育是思想性较强的主题，如果不能结合专业特点，没有形式的创新，或者一味煽情没有行动引导，都会影响主题班会效果。

（2）现实性：重视家庭和亲情是中华民族传统美德，在网络虚拟交流方式和大学生异地求职热潮的双重影响下，面临新的挑战。引导学生从大一开始重视亲情、感恩父母，既是激发其学习动力的重要举措，也是健全学生人格、做好家校互动、形成教育合力的前提和基础。

二、班会宏观背景

1. 培育和践行社会主义核心价值观。

《关于培育和践行社会主义核心价值观的意见》明确提出，倡导富强、民主、文明、和谐，倡导自由、平等、公正、法治，倡导爱国、敬业、诚信、友善，积极培育和践行社会主义核心价值观。教育部也要求要将培育和践行社会主义核心价值观贯穿国民教育的全过程。这要求辅导员将社会主义核心价值观的教

育融入大学生日常思想政治教育工作过程中，用看得见、摸得着、能理解的视角和主题来导入，用可信、可取、可为的方式和行动来践行。

2. 习近平总书记在 2015 年新春团拜会上提出要重视家庭和亲情教育。

习近平总书记指出，中华民族自古以来就重视家庭、重视亲情，家庭是社会的基本细胞，是人生的第一所学校。不论时代发生多大变化，不论生活格局发生多大变化，我们都要重视家庭建设，注重家庭、注重家教、注重家风，发扬光大中华民族传统家庭美德，促进家庭和睦，促进亲人相亲相爱，促进下一代健康成长，促进老年人老有所养，使千千万万个家庭成为国家发展、民族进步、社会和谐的重要基点。辅导员应该及时将习近平总书记的指示和号召落实到大学生思想政治教育日常工作中去。

三、班会微观背景

1. 春节期间全民疯抢电子红包，“低头族”们冷落了传统亲情。

“世界上最遥远的距离，不是生离死别。而是我在你面前，你却在玩手机。”随着移动互联网的普及和广泛运用，曾经的网络段子已成为真实社会的写照。尤其是 2015 年春节期间，全民疯抢电子红包的热潮背后，呈现的是一幅尴尬的社会图景：难得的春节团聚时光，年轻人在手机上花费的时间和精力，远超陪伴父母花费的时间和精力。大学生群体更是其中的中坚力量，沉浸于虚拟互动，冷落了身边亲情。

2. 当代大学生多为独生子女，习惯于被动接受父母之爱，缺少主动关心。

“90 后”大学生从小到大已习惯于被动接受父母无微不至的呵护和嘘寒问暖的关怀。有人坦然接受，有人乐在其中，也有人视为压力和负担。但大学阶段又有其特殊性：一是从未成年人到成年人的过渡，二是从家乡到异乡的过渡，三是从校园到社会的过渡。这些变化都要求大学生培养和提高爱的能力，要学会关爱父母、关爱他人，学会换位思考、适应环境，做到心智成熟、人格健全。这其实就是人们常说的情商教育和素质教育，同时也是大学生思想政治教育工作的重要任务。

3. 大学毕业生工作地点离父母较远成为常态，如何维系亲情已成共性问题。

2015 年 1 月，教育部 75 所直属高校陆续发布了 2014 届高校毕业生就业质量年度报告。报告显示，毕业生签约率较高的城市分别是北京、上海、广州和深圳。京津冀、长三角和珠三角地区是就业热点区域。也就是说，大学生毕业后在异地就业打拼已成新常态。联系到中国正跑步进入老龄化社会，可以预见，未来的中国式养老和亲情维系将成为一个普遍的社会性问题。站在高校思想政治教育工作的视角，让大学生尤其是大一新生意识到这一潜在的问题，珍惜有假期的大学生活，重视陪伴父母，帮助学生树立正确就业观，是辅导员应尽的职责。

四、班会目标分析

1. 认知目标：让学生认识到亲情的珍贵以及自己在与父母相处过程中的不足。

2. 行为目标：明确此后的行动计划，如日常如何完善，下一个假期做何改进。

3. 情感态度目标：感恩父母亲情，反省自身不足，激发学习动力。

五、班会对象分析

1. 参与对象：2014 级广告学专业学生

2. 关键属性：大一新生、广告专业

3. 对象分析：

(1)大一新生刚刚完成从高中生到大学生的角色转变，从圈养式管理到开放式管理的模式转变，从家乡到异乡的环境转变。面对这些新的变化，都需要辅导员适时加以引导和教育。以亲情教育作为切入点：一方面，从心理学视角引导同学们识恩、知恩，唤起感恩意识，并在以后的学习中体会父母苦心，明确学习任务，承担学习责任，思考如何加强时间管理，用大学四年认真学习的实际行动感恩父母；另一方面，从社会学视角引导同学们认识到未来工作后亲情维系的现实问题，并将认识转化为行动，把握好日常和假期，学会主动关心父母、陪伴父母，关注父母的精神需求，形成正确的亲情观念，从小处着眼，践行社会主义核心价值观。

(2)广告的行业属性决定了同学们的就业预期都集中在“北上广深”等广告业发达的城市，学生未来前往异乡求职打拼的现象较其他专业更为明显。同时该专业同学都是文科生，感性细腻，崇尚创新思维，抵触灌输说教。这就要求辅导员在班会的内容准备和环节设计上，加强互动分享、体现人文情怀、创新表达方式，在班会现场善于捕捉和掌控现场氛围，阐明问题的表象和实质，将感性表达和理性引导、现场感动和事后行动有机结合，固化教育效果，解决实际问题。

六、班会特色分析

1. 内容特色。

（1）时效性：以刚刚过去的寒假为时间导入，介入引导早，时效性强。

（2）互动性：以现场调查、互动分享为教育手段，启发性、互动性强。

（3）说服力：以网上“亲情算术题”为话题导入，内容接地气，说服力强。

（4）认可度：以“写给爸妈的话”为点睛之笔，参与性强，认可度高。

2. 表现特色。

（1）视觉化呈现：班会 PPT 中图片、图表的多次使用，符合信息传播和现代教学规律，也符合广告学专业同学接收信息的思维习惯，是开好主题班会的前提和基础。

（2）艺术化表达：班会 PPT 模板选择了极简风格的，符合广告专业同学的视觉审美。班会 PPT 中选择了同学们都很熟悉的一首歌曲《时间都去哪儿了》作为背景音乐，烘托现场气氛，配合班会主题。同时，班会视频剪辑中交叉蒙太奇手法的运用，都提升了班会整体的情绪感染力。

（3）专业化语言：班会选择了两则与主题相呼应的公益广告，一则为“放下手机”平面广告，一则为“时光倒流”电视广告，专业化语言更贴近广告专业学生。

七、班会流程阐述

1. 互动分享：这个假期你都做了些什么？

（1）辅导员祝各位同学新学期学业进步、心想事成，拉近师生距离。

（2）辅导员提问同学们在刚刚过去的寒假中都做了些什么，为下一步的话题导入做铺垫。

2. 话题导入："亲情算术题"。

(1)辅导员引用一幅网上热议的"亲情算术题"漫画，为同学们呈现了一幅令人心酸的未来场景图：毕业之后，也许我们能够陪伴父母的时间是很有限的。

(2)辅导员进一步引导："亲情算术题"未必准确，更多的是一种善意的提醒。百善孝为先，尽孝不待时。既然未来不可预期，就要珍惜当下时光。

3. 现场调查：这个假期你陪父母的时间有多少?

(1)辅导员分发事先准备好的调查问卷。

(2)组织学生现场填写、现场统计，并在接下来的班会进程中公布调查结果。

(3)辅导员结合调查数据引导学生反思两个问题，第一是同学们假期忙于各种个人事务，冷落了父母；第二是毕业后大部分同学都选择远离家乡异地求职。"亲情算术题"有可能成为大家毕业之后生活的真实写照，立足当下，应该怎么做?

4. 视频导入：2015 年央视春节公益广告"时光倒流篇"。

(1)辅导员播放广告视频。选择与班会主题相呼应的公益广告，既是班会内容的多元呈现，也是专业内容的互动分享。

(2)视频播放结束后，辅导员适时点评。接下来用一位同学讲述开学时父母在火车站送别自己的场景作为衔接，推动现场氛围走向高潮。

(3)辅导员总结提炼：给父母的爱是等不了的爱。号召同学们暂时放下手机、走下网络，并用一则平面公益广告再次强化观点。

5. 互动分享：此时此刻的心情和感受。

(1)在现场的氛围达到一个高潮之后，辅导员适时引导同学们分享此刻的心情和感受。

(2)在现场氛围的感染下，同学们纷纷举手发言，分享自己此时的心情。不少同学流下了眼泪，这是对主题班会教育效果的最好验证。

(3)辅导员总结提炼，阐明班会的目的，同时定格班会主题：拾起身边的爱，珍惜每一个和父母在一起的日子。

6. 行动引导：下一个假期，我们应该如何做?

感性分享之后，辅导员将同学们的思绪引导到更为重要的行动环节。以两个关键字——"少"和"多"来归纳提炼，给予同学们行动建议和指导。

7. 互动升华：写下感言，定格永恒。

班会最后，辅导员提议同学们把此时此刻的心情和最想对父母说的话写下来，拍成照片发给父母，同时上传微信朋友圈和个人微博，让更多的人感受到这份温暖和感动。在充满温情的气氛中，主题班会圆满结束。

（本文为笔者参加第四届全国高校辅导员职业能力大赛决赛主题班会策划的方案）

03

第三篇
同频共振

做好学生价值引领，担当立德树人时代重任

——做客湖南教育政务网在线访谈

/ 袁世平 /

主持人：各位网友！大家好！这里是湖南教育政务网。

今天，我们非常荣幸地邀请到了中南大学湘雅护理学院总辅导员袁世平老师，请他就高校辅导员的工作与大家进行在线交流，欢迎各位网友踊跃提问。袁老师，您好！请您先跟大家打个招呼。

袁世平：主持人好，各位网友大家好！

主持人：在2018年第十届全国高校辅导员年度人物评选中，您获评全国高校辅导员年度人物。我了解到您从事辅导员工作已经18年了，您觉得您个人和工作最大的特点是什么？

袁世平：习近平总书记在全国高校思想政治工作会议上强调，高校思想政治工作关系高校培养什么样的人、如何培养人以及为谁培养人这个根本问题。要坚持把立德树人作为中心环节，把思想政治工作贯穿教育教学全过程，实现全程育人、全方位育人，努力开创我国高等教育事业发展新局面。今年我从事辅导员工作已满18年，回首18年的工作，我个人和工作的特色概括起来应该就是：我始终牢记着作为高校辅导员的神圣使命，初心不变，本色不改，坚持以立德树人为根本，以价值塑造为引领，做到了五个字——爱、陪伴、坚持。坚持做充满爱的教育，围绕学生，关照学生，服务学生，精细服务学生全面发展，融入学生成长全过程，将爱写进学生心里。

主持人：“教之本在于师，师之本在于爱，没有爱就没有真正的教育”。我很赞成您说的“做充满爱的教育”。您能为我们谈谈您的理解和您的具体做法吗？

袁世平：教育无他，唯爱与责任。2014年，习近平总书记在北京师范大学强调全国广大教师要做“有理想信念、有道德情操、有扎实知识、有仁爱之心”

的好老师，今年5月2日在北京大学师生座谈会上又再一次强调了这一观点。“四有”中的有仁爱之心，是教师从事的职业所需，体现了和谐育人的导向。孔子曰，仁者，爱人也。教师就是人类社会灵魂的工程师，只有真心诚意地去爱每一个学生，才能成为一名合格的教师。有了爱人之心，才会产生教育育人的动力，否则，只能是应付了事。

作为辅导员，我们的师爱体现在哪里呢？我分享一个例子吧。刚留校参加工作的我遇到了一个连续留级两级的学生，他的父母因担心他又把学费拿去打游戏便来委托我帮他交学费，面对衣衫褴褛的父母、一大书包的零钱、无助而又充满期待的眼神，我再也控制不住自己的眼泪。我当时在想：“如果这个学生不能顺利毕业，没有工作，他的父母以后怎么办啊！”我当时只有一个信念：一定要帮助他毕业。做到这一点我用了整整四年……过程真的很艰辛，但他顺利毕业了，也找到了工作，我开心地又哭了，不是因为他毕业了，而是为了一对像我父母一样的父母的未来可以有了依靠而哭。18年中我帮助过几十个类似的学生。这让我明白一个学生对于社会而言是几千万分之一，但对于一个家庭却是百分之百。辅导员的工作付出能够改变学生的命运，进而改变一个家庭的命运，这既是我们面临的责任，也会让我们有无上的价值感。今年2014级学生毕业，我坚持每天写一篇毕业寄语，一直坚持到他们毕业。因为我坚持贴近学生实际，所以不引用、不摘抄，但是坚持下去真的很难。一次，我发烧到39度，躺在那里动不了，稍微好点后，又开始去写。还有很多很多例子，我觉得辅导员的师爱体现应该就是：当学生的挚友，走近学生，走进学生；把学生当亲人，不辞劳苦，不计回报；做学生的严师：努力去做“有理想信念、有道德情操、有扎实学识、有仁爱之心”的“四有”好老师，当好学生的“四个引路人”，就是习近平总书记强调的“学生锤炼品格的引路人、学生学习知识的引路人、学生创新思维的引路人、学生奉献祖国的引路人”。我觉得辅导员可以暂时没有卓越的师能，但必须有优良的师德师风；可以暂时没有渊博的知识，但必须有勤奋好学的态度；可以暂时没有高超的教育智慧，但必须坚定思想政治教育的信念。

主持人：您提到了一个观点：做好学生的价值引领。您能为我们谈谈价值引领的意义和您的具体做法吗？

袁世平：做好学生的价值引领，就是要引导学生，帮助学生树立并养成正确的价值观，价值养成是引领青年学生人生航向的“定盘星”。这个正确的价值观就是社会主义核心价值观。社会主义核心价值观在个人层面中的爱国、敬业、诚信、友善，是大学生所有价值观念中最本质、最具决定作用的部分，是最根本、最重要和最集中的价值内核。

2014 年 5 月 4 日，习近平总书记以“青年要自觉践行社会主义核心价值观”为题，深情寄语青年学子时讲到“我为什么要对青年讲讲社会主义核心价值观这个问题？是因为青年的价值取向决定了未来整个社会的价值取向，而青年又处在价值观形成和确立的时期，抓好这一时期的价值观养成十分重要。这就像穿衣服扣扣子一样，如果第一粒扣子扣错了，剩余的扣子都会扣错。人生的扣子从一开始就要扣好”，并指出广大青年树立和培育社会主义核心价值观要在“勤学，修德，明辨，笃实”四点上下功夫。在前不久召开的全国教育大会上，习近平总书记强调，要在加强品德修养上下功夫，教育引导学生培育和践行社会主义核心价值观，踏踏实实修好品德，成为有大爱大德大情怀的人。

大学生在校期间出现的一些问题，比如厌学、迷茫、网络成瘾、游戏成瘾、网贷、攀比，以及一些心理问题等，归根结底还是学生的价值认知和价值取向出了问题。引导学生树立正确的价值观，就解决了学生的“内因”，其他问题也就迎刃而解了，对学生进行价值观塑造，我觉得就是要坚持用社会主义核心价值观引领知识教育、引领道德建设，引导学生勤学、修德、明辨、笃实，引导学生爱国、立志、求真、力行，成为社会主义核心价值观的坚定信仰者、积极传播者、模范践行者。

工作中，我曾开展了大学生社会主义核心价值观培育和践行方法研究，也撰写了调研报告。①以理想信念教育为核心。通过理论宣讲、参观学习、活动教育、情感体验等方式，形成整体教育方案，让理想信念教育科学化、系统化。比如策划、组织的“梅岭经世论坛”，每期精心选题，坚持举行，学生参与人数 3000 余人次，取得了很好的效果。坚持给学生主讲党课和形势政策课，言传身教，坚定学生信仰，引导学生坚定“四个自信”，并努力成为新时代“三有”青年，累计参与学生人数 5000 余人。②以学生党建为重要抓手。创建“1+1+2+1”学生党建工作模式，即 1 名党委委员+1 个教职工党支部+2 个研究生党支部+1 个学生党支部联动开展工作，使学生党建工作有特色、有传承。开展党员师生共读红色经典读书会，学生党员“亮身份、见行动、当先锋”，“师生党员深悟党的十九大精神”学习教育活动，提高学生党员的政治意识，帮助学生深刻理解习近平新时代中国特色社会主义思想蕴含的丰富内涵，着力发挥党员先锋模范作用和党支部战斗堡垒作用。③以学风建设为龙头，大力加强学风建设。在土木学院担任辅导员时，创建了“大学生科技能力培养中心”，用大学生科技竞赛作为学风建设的重要载体，引领学风建设。每年学生在国家级、省部级各类竞赛中获奖近百项，极大地激发了学生的学习动力，带动了学风建设。到湘雅护理学院任党委副书记后，我针对学生专业思想不稳定的实际情况，以加强学生专业思想教育为抓手，带动学风建设。结合学生职业特征，加强专业思想教育，帮助学生了解专业、热爱专业，树立专业自信，引导学生实现学习动力从被动到主动、学习目标从模糊到清晰。营造“全员育人”氛围，形成有效合力，整个学院形成了一种“有爱”“友爱”“爱心”“爱美”的氛围，全院师生热情高涨，学生与老师之间、学生与学科专业之间联系紧密，学生的归属感、参与感和自豪感大大增强，解决了学生努力学习的“内动力”问题。

引领学生学以致用，服务社会，积极参加志愿服务活动和社会实践活动。利用挂靠在学院的“中南大学健康护理研究中心”，结合学生专业特点成立中南大学大学生健康服务基地。目前，基地有一个急救协会、一门急救知识全校性选修课、一门辅导员精品课程、一个微信公众号“健康中南”，坚持开展线上线下特色服务，包括健康知识名家讲座、校内外科普知识宣传、校内外志愿者服务等。在科普宣传、急救培训、健康宣教、义诊服务等方面，形成了一系列颇受校园师生和社会大众喜爱的，具有一定社会影响力的特色科普平台。中南大学健康护理研究中心在全国第十七次社会科学普及工作经验交流会上，被授予“全国社会科学普及教育基地”荣誉称号。

所带的学生中也涌现了一批典型代表。大二就出版《红心向党》的柴小桠，被评为“湖南省百佳大学生党员”；推迟婚期，捐献骨髓的“最美新娘”刘子健的事迹，在央视《道德观察》栏目播出；踊跃自愿报名参军，献身国防的刘芳，在部队荣立“三等功”；自己成立的公司才刚刚起步，就给母校捐款 500 万元的柴喜林等，这些学生让我很欣慰也很骄傲。

主持人：您谈了自己对做充满爱的教育的理解和做法，也谈了大学生价值引领的问题。那您认为这两者之间有什么关联吗？

袁世平：思想政治教育是辅导员工作的主要职责之一，学生的价值引领是思想政治教育的重要内容。我认为，一名辅导员真正开展了行之有效的思想政治教育工作的重要前提真正走进了学生心里，在学生心里有一定的位置。要想真正走进学生心里，没有爱是走不进去的。辅导员要做青年学生的知心朋友和人生导师，我觉得我们要先成为学生的知心朋友，始终和学生在一起，用自己的真爱、真情、真行去打动学生，只有这样才能做有效的价值引领。我们应该和学生一起学习、一起成长、一起感悟，把“道理”化作学生可感可知的身边事、身边理，多用事实说话，而这些事实又是我们在和学生实实在在的接触中得来的。有了对这份职业和学生的爱的前提，我们自然会竭尽全力地去寻找方法和路径，服务学生的健康成长，也会做好学生的价值引领。

主持人：听说您被学生称作“万能”的袁导，我有些好奇。您可以谈谈您“万能”在哪吗？

袁世平：学校 2014 年的毕业典礼上，我是学校 20 多年来第一个作为教师代表发言的辅导员。时任校长张尧学在个人讲话中说：“土木学院的辅导员袁世平，被学生称作‘万能’的袁导。”至于自己到底“万能”在哪里，我觉得就是我能始终把学生放在心里吧。2000 年刚参加工作时，我一个人带 18 个本科班 648 人，一个月下来，在路上见到任何学生，我都能喊出他们名字。担任湘雅护理学院党委副书记之后，我坚持与每位学生深入谈心谈话，在学生毕业时我能喊出每一位学生的名字。2013 级学生毕业晚会上，我用仿古文的形式，写了一篇文章，详述了我与每一个学生第一次接触的情景和事情。我的学生，有一个习惯，就是毕业后在一起聚会时，会给我打电话，并把免提打开，让我听声音，一一说出他们的名字。一般情况下我都能做到。后来，随着我工作经验的增加，我越来越能坚持问题导向，因事而化，精准施策，解决学生的一些实际问题。比如：线下工作失灵，网上陪伴见奇效，2000 级常同学的故事；用信任和尊重，唤起特殊学生信心，2009 级刘同学的故事；巧施“欲擒故纵”收服“失忆”电游生，2009 级赵同学的故事；数次巧妙“偶遇”打开绝望学生“心锁”，研究生夏同学的故事。因为时间关系，我就不展开说具体做法了。教育就是用一个灵魂唤醒另一个灵魂，就是凭着这把“万能钥匙”，我打开了一把把学生紧闭的“心锁”。学生的思想问题或者实际困难解决了，自己就自然会去努力了。没有“万能”的人，但有一个“万能”的法宝，那就是充满爱的心，持之以恒坚持的行动。学生对我们的要求真的很简单，他们心里也很清楚你是不是真心为他们考虑。至“拙”而致“巧”，只要有真心、真情、真行，就一定能打动学生，在这个基础上去引领、指导学生，谁都可以成为学生心中“万能”的老师。

主持人：据我了解，高校辅导员工作千头万绪，您已经工作了 18 年，并一直在做辅导员工作，想必做了很多事情。您可以用最简单的语言概括一下，您 18 年都做了什么吗？

袁世平：如果用最简单的语言概括，我觉得就是两个字：陪伴。陪伴就是和学生朝夕相处，与学生一起成长。初任辅导员时，我就住在学生宿舍，与学生们朝夕相处四年，是学生最知心的朋友。现在，我的办公室也还设在学生宿舍里，这样一来，我可以随时听到来自学生的最真实的声音。学生们评价我：无处不在，而且，有求必应。陪伴学生成长，就要了解学生的需求，知道学生的成长规律。有的放矢地做好自己的工作，我就会不断地寻找有效的工作方法和途径。如今，大学生无时不网、无日不网，大学生思想政治教育的"主战场"在网上。我的学生绝大多数都是我的微信好友，每每夜深人静，我依然会在网络上陪伴，为他们答疑解惑。为开导一名"重点关爱"的学生，我和他的聊天记录就有近十万字。陪伴就会面临着选择和取舍，陪伴学生，永远是我的"第一选择"，夫人生二胎，我也因忙于处理关系到学生就业的突发情况，无法陪护床前。这么多年，我一直觉得挺亏欠家里人的，但我不后悔，只要我有时间，我也会认真地陪伴家人，在有限的时间内，尽全力弥补自己"无限"的亏欠。我经常会在学生的毕业典礼上，被学生高高举起，抛向半空，每当这个时候，我都会觉得，这一辈子值了！

主持人：谢谢您的分享。下面让我们来听听网友们的提问。

网友 1：袁老师您好，我也是一名辅导员，工作了几年后，我对辅导员这份职业的认识陷入了困惑，您能谈谈您对这份职业的认识吗？

袁世平：好的。回首自己 18 年的辅导员生涯，我认为辅导员工作是事业、是享受、是学问，我们一定要有坚定的职业自信。

辅导员工作是事业：我们在助力中华民族伟大复兴的中国梦，因为我们承担着立德树人的神圣使命，在为中国特色社会主义事业培养建设者和接班人，我们自己是培养建设者的建设者，培养接班人的接班人。我们在圆千万家庭的幸福梦，我始终认为辅导员能改变学生的命运，进而改变一个家庭甚至一个家族的命运。有两种职业是很神圣的，一种是医护工作者，一种是教师，因为他们都是在"治病救人"。我们最终也会实现个人的价值梦。在国家高度重视高校思想政治工作的今天，我们面临着前所未有的机遇，只要我们肯努力，一定能实现自己的个人价值。

辅导员工作是享受：辅导员在工作过程中，可能会觉得很辛苦，但是我们每解决一个学生的问题，每帮助一个学生，每看到学生的一点进步，内心都会有莫大的喜悦感和成就感。你对学生的每一次帮助，学生都会铭记于心，不管过去多少年，他见到你时，都能一字不漏地将你对他的帮助说出来，那时你真的会有巨大的满足感。今年是我带的第二届学生毕业十周年，几个学生打电话我，非要我给大家写封信，他们的理由让我深受感动。他们说："无数的地方，无数的学生，都和你有关。"这个时候，我真的觉得我是天底下最快乐的人。

辅导员工作是学问：在全国高校思想政治工作会议上，习近平总书记指出，做好高校思想政治工作，要因事而化、因时而进、因势而新；要遵循思想政治工作规律，遵循教书育人规律，遵循学生成长规律，不断提高工作能力和水平。这些都是需要我们不断地去学习和探索的大学问。

网友 2：我是一名刚入职的辅导员，听了您的发言，我很认同您说的，做充满爱的教育，也认同您说的要加强学生的价值引领。我自己愿意怀着一颗满满的爱心去对待工作、对待学生，可是应如何去做学生的价值引领工作呢？我刚参加工作，没有经验，请您指导我该怎么做。

袁世平：非常开心听到您说，您会怀着满满的爱心去工作。如果坚持这样做下去，您就一定会是一名非常优秀的辅导员，您的学生也一定会很幸福。提到价值引领，我们不要把它想象成高高在上的事情，它就在我们身边，比如说：加强学风建设，引领学生努力学习，就是必须要去做的价值引领，因为大学生的天职就是学习。我所在的中南大学，这几年来一直在大力加强学风建设，构建了"励学-动力、勤学-养成、优学-发展、辅学-帮扶"四个体系，培育优良学风，促进学生成长，取得了明显的实效。学生迟到、旷课的情况越来越少，挂科率大幅度降低，学生的精神状态和成绩也越来越好。"学在中南"深入人心，我觉得这就是一种很好的价值引领。在前不久召开的全国教育大会上，习近平总书记提出，要树立健康第一的教育理念，帮助学生在体育锻炼中享受乐趣、增强体质、健全人格、锤炼意志。要在学生中弘扬劳动精神，教育引导学生崇尚劳动、尊重劳动，懂得劳动最光荣、劳动最崇高、劳动最伟大、劳动最美丽的道理。这些都是大学生在日常生活中，面对的很具体也很简单的事情，在这些方面做好学生价值引领，不需要太多的经验和技巧，却是利国利生的大事。还有很多其他的方面，只要我们做个有心人，我们随时随地都可以做学生的价值引领工作。

网友 3：我是一名学生家长，小孩进入大学后，离自己远了，小孩的很多情况也不了解，自己很想做点什么，又不知道该做什么。我该怎么办？

袁世平：谢谢您的提问，您提了一个很实际的问题。学生进入大学后，有的家长觉得孩子长大了，对小孩大学的学习和生活不闻不问，有的家长又对孩子过分关心，时刻监视着小孩的一举一动。孩子在学习和人际交往中遇到的一些小问题，本来自己可以解决的，结果家长介入，把一些简单的事情复杂化了，也不利于孩子的成长。这两种极端情况，个人觉得都不妥。家长如果能参与到我们的教育中来，对我们的工作会有很大的帮助，因为家长永远是孩子最好的老师。我们在遇到一些学生问题并归因时，发现很多问题归根结底在于学生家庭的问题。我觉得家长首先要成为孩子的知心朋友，耐心地听听孩子在学习、生活中遇到的问题和烦恼，成为孩子最好的听众。要对学校和老师的工作给予信任，要尊重学校在学生教育、管理中的各项规定，不要过分在意孩子生活上的条件，不用心疼孩子所吃的苦。对于学生反馈给家长的一些问题，不要轻易做出判断，可以多和老师交流。我们特别希望能听到来自于学生家长的合理化建议，有的时候，碰到问题我们也会给家长打电话进行沟通，也希望能得到家长的支持。我们学校每一个学院、每一个年级都建立了家长联系、交流群，每次开学典礼、毕业典礼都会邀请家长参与，我们希望家长能积极参与这些活动。从去年开始我校开展了“五个一”家访活动，“五个一”家访工作理念由校领导提出，具体内涵为中南大学党委书记每年家访 1 名学生，中南大学校长每年家访 1 名学生，全体在校辅导员每年家访 1000 名学生，全校学生工作负责人每年家访 100 名学生，学工部团委每年家访 10 名学生。开展家访活动，旨在丰富和扩展大学生思想政治教育的方式方法，通过走访学生家庭，送温暖、送关怀、送信心，增进学校与家庭、老师与家长的联系，使家长了解学生的在校情况，形成学校、家庭、社会的教育合力，同时学校能够充分了解学生的成长环境和现状，以推进资助工作的精准化与精细化，为资助工作的科学化提供实证材料，使资助工作真正落到实处。我觉得家长是“全员育人”的一分子，特别希望也欢迎家长参与到学生的教育工作中来。

主持人：因为时间关系，我们今天的访谈就到这里了。在节目最后，再次谢谢袁世平老师在百忙之中接受我们的访谈，同时也谢谢各位网友的热情陪伴，我们下期再见！

袁世平：再见！

（本文是笔者于 2018 年 11 月 8 日做客湖南教育政务网在线访谈，围绕“以‘爱’导航，做好大学生的价值引领”这个主题与主持人及网友进行在线交流的发言稿）

不忘来时路，奋进新征程

/ 沈　菲　高安雅 /

伴着骄阳与蝉鸣，我们在化成楼办公室见到了沈菲老师。沈老师面带笑容，热情而耐心地接待了我们。在沈老师平静的讲述中，我们渐渐没了初时的紧张，逐渐走近一名党员教师和一名曾经的高校辅导员，了解他的成长历程和初心故事……

入党：从迷茫到坚定

二十年前，沈老师和现在的我们一样，在经过党校的学习后成了一名入党积极分子。沈老师坦率地对我们说："在递交入党申请书的那一刻，我实际上还没有特别明确的入党动机，当时申请加入党组织首先是因为我母亲的要求，我想这点跟你们现在的很多同学都很相似。"但是在经过党校的学习和考核后，沈老师渐渐明白了当初母亲希望他入党的缘由："在我母亲眼中，党员是她非常向往和崇敬的一个群体，她希望我加入这个组织，成为一个优秀的人。但我后来在追求加入党组织的这个过程中逐渐明白，尤其是当你真正成为一名党员，拥有这样一个身份之后，这对你来说既是一份激励，也是一种约束。"在不断地学习、思考和实践以后，沈老师逐渐坚定了自己的入党动机，他既看到了党员这一身份的先进性，又看到这一身份所要承担的责任与义务。他怀揣着让自己不断进步的决心，带着对党的热爱和奉献社会的热情，在大三加入了党组织，成了一名品学兼优的学生党员。

回忆这段往事的时候，沈老师特别强调说："我觉得我们每一名入党积极分子和学生党员都需要对党课教授的知识有深入的学习了解，这是最基本的。"

怀揣着对教育事业的热爱，沈老师 2004 年毕业后留校成了一名高校辅导员，开始从事学生工作。提起他的工作，沈老师的言语中都是对教育事业的热爱，他也谈及了党员这一身份对他工作的影响。

“党员这个身份，不仅是我获得高校辅导员这一职业机会的敲门砖，也是我做好这项工作的基石”，“为党育人，为国育才。这不是一句空话，而是需要每一位老师立足本职岗位，把立德树人的使命落到实处”。说到这里，沈老师主动跟我们谈起了高校辅导员誓词的内容。

“高校辅导员的誓词里面是这么说的：我志愿成为一名高校辅导员，拥护党的领导，献身教育事业，恪守职业规范，提升专业素养，情系学生成长，做好良师益友，为培养社会主义合格建设者和可靠接班人而努力奋斗。你看它里面第一句话就是‘拥护党的领导’，最后一句话是‘为培养社会主义合格建设者和可靠接班人而努力奋斗’，那也就是说我们的工作性质以及工作目标，决定了我们必须是一名党员，而我们本身作为高校辅导员，自己拥有一个党员的身份，才能更好地影响和教育我们的学生，真正实现‘为党育人，为国育才’的目标。”

工作：教书与育人，不可分割

从2004年工作至今，沈老师先后获得了多项重量级荣誉：第十届全国高校辅导员年度人物、第四届全国高校辅导员职业能力大赛一等奖、全国高校辅导员工作优秀论文评选一等奖、江苏青年五四奖章、江苏省高校辅导员年度人物……

谈及入党多年经历过的记忆深刻的事，沈老师的回答也让我们十分感动。

“我觉得更多的，倒不是说发生在我自己身上的事情。而是与国家发展进程密切相关的事情，比如说2003年的非典，2008年的汶川地震……尤其是去年的疫情防控阻击战，你们也都是亲历者，我相信我们都能够充分地感受到什么叫社会主义制度的优越性。”

“作为党员来说，就是有困难我要先上；作为党组织来说，就是如何去团结带领人民群众；作为党的最高决策机关来说，就是怎么样去做好顶层设计。我们刚才讲“集中力量办大事”，从“火神山”“雷神山”医院的快速建成可见一斑，我们有全国人民以及医疗资源做后盾，这就是我们讲的社会主义制度的优越性，但所有这些我觉得都只有在中国共产党的领导之下才能完成，这是我最大的感受。”

作为一名党员，沈老师关心每一件国家大事，也在疫情期间恪尽职守，全力完成好自己的工作。去年，为了让同学们早日有一个安全、良好的学习环境，沈老师积极地投入到学校复学复课的工作当中去。这也是他作为一名教育工作者和管理人员工作的一部分。

尽管获得的荣誉多，但沈菲老师从来不觉得那是一种骄傲的资本。“荣誉和成绩，我觉得更多的不是骄傲的资本，而是上级组织对高校思政工作的重视，对我们常年从事这份工作的一种认可。我只是很幸运成了其中的一名代表。”

沈老师认为，“作为一名教师，言传与身教都很重要，某种程度上身教胜于言传”，只有做好了自己，才能去要求和教育学生。

作为学校师德师风宣讲团的成员之一，沈老师认为教师的师德师风建设尤为重要，要引导广大教师注重修身立德。

“我们老师不能只做搬运知识的‘教书匠’，更加要做塑造学生品格的‘大先生’，两者的区别在于是否能将教书与育人相统一。我觉得育人和教书一样重要，甚至在某种程度上更重要，因为知识传授是一时的，而品行的这种影响可能是终身的。”

寄语：不忘初心，砥砺前行

访谈的最后，沈老师也表达了鼓励年轻人积极加入党组织的真切期待。

“今年是中国共产党成立一百周年，过去的一百年是波澜壮阔的。站在下一个百年的起点，要确保党的事业后继有人。什么叫后继有人，就是要有更多优秀年轻人，尤其是青年大学生群体的加入。”

“我觉得首先我们要守住底线，所谓守住底线，就是不能做违法乱纪、违反校纪校规的事情，比如说考试作弊、夜不归宿、旷课等。”

“更重要的，是我们要追求上限。党组织对青年大学生的这样的一种遴选，或者说这样的一种考察，它本身也是个考察个人上限的过程。”

“所以我们在追求加入党组织的过程当中，每个青年人要去不断突破自我，去追求各自的上限，包括学业成绩、社会实践、科研成果、获奖荣誉及任职经历等方面。比如我们现在在学生党员发展过程中设置了答辩环节，这实际上就是每个人不断在追求自己上限的过程。所以我觉得守住底线是我们加入党组织的前提条件，追求上限是我们早日实现这个目标的必要条件。”

只有做到严格要求自己，绝不触碰违法乱纪的高压线，在学习和实践当中不断对自己提出更高的要求，不断通过努力一步步达成自己的每一个小目标，才可能不断增加自己生命的厚度。

为了让更多的青年学生了解党的历史，端正入党动机，沈老师也做了许多努力。在党课的讲授问题上，他提到，“党课要入耳入脑入心，不仅是课堂的讲授，还要拓展到我们整个高校的思想政治工作体系层面。比如说作为课程讲授的主体，我们的老师要思考怎么样把党课讲得更加生动有趣，从而能更加贴近学生的思想、学习、生活的实际。作为学生来说，更多的是要对自己有更高的要求，要有主动学习的意识，而不能把它当作一个任务，入党的动机绝对不能功利化。所以作为老师，要改进课程讲授的方式，作为学生来说，要提高自己的思想认识。”

对于党课的讲授方式，沈老师也提出了“理论学习和实践教学相结合”的方法。“譬如这次党员教师的访谈活动，我相信你们在这种面对面的交流的过程中能够真切感受身边的党员老师的成长经历和心路历程。我们常说，天边不如身边，道理不如故事。这种身边人的故事，是对理论学习的一种有效补充。”

而在更为宽广的空间维度，沈老师也在不断尝试着思政工作方法的改进创新。今年三月，他作为主要发起人，策划开展“全国百名高校思政工作者接力讲述党史人物故事”活动。七一之前，100 期讲述的录制已经全部结束，来自全国的 100 位高校思政工作者用最深情的讲述，和全国广大师生一道回望来路，永葆初心。视频累计播放量超百万人次，“学习强国”等媒体平台对活动进行了报道，并全程转载 100 期党史人物视频故事。

“当时，我们每个人讲一个党史人物的小故事，这跟过去的授课方式是不一样的。首先，它变成了微课，利用新媒体平台进行播放。其次，它的主题是‘榜样你好’。我们讲的内容更多是每个党史人物身上的一个很小的故事，而不是去贪大求全。我们希望这种小故事能够让我们今天的青年人产生一种共鸣。我们的这种尝试，目的就是把这些好的东西，用学生易于接受的方式去呈现在学生面前，在潜移默化中让学生去了解这些人物，了解这些历史，汲取精神养分。”

不知不觉中，访谈已近尾声。沈老师说，今天的年轻一代是“第二个百年”

新征程的主力军，希望同学们能够认真学习领会习近平总书记在庆祝中国共产党成立100周年大会上的重要讲话精神，学好知识本领，以实现中华民族伟大复兴为己任，增强做中国人的志气、骨气、底气，不负时代，不负韶华，不负党和人民的殷切期望！

（本文为2021年7月8日南京师范大学新闻与传播学院师生党员“初心传承录”访谈稿）

战“疫”大考，我们应当如何答卷

/ 沈　菲 /

我认真学习了习近平总书记关于新冠肺炎疫情防控的系列重要讲话，特别是给北京大学援鄂医疗队全体“90 后”党员的回信。面对习近平总书记的殷切叮嘱，我感触良多。回信中，习近平总书记向奋斗在疫情防控各条战线上的广大青年致以诚挚的问候，肯定了防疫斗争中他们不畏艰险、冲锋在前、舍生忘死的精神，勉励他们继续在为人民服务中茁壮成长、在艰苦奋斗中砥砺意志品质、在实践中增长工作本领，激励广大青年不惧风雨、勇挑重担，让青春在党和人民最需要的地方绽放绚丽之花。这封 281 字的回信，既充分肯定了新时代青年在疫情防控战争中的无私奉献，也饱含着党和国家对青年一代的勉励与期待。而作为广大“90 后”“00 后”大学生的人生导师和知心朋友，我们高校辅导员在这场新冠肺炎疫情防控战的大考中又该如何答卷呢？

作为一名高校辅导员，我们有责任引领广大青年学生在战“疫”大考中读懂中国。习近平总书记曾说，爱国是人世间最深层、最持久的情感，是一个人立德之源、立功之本。而青年一代也在这次战“疫”大考中深情表白“此生无悔入华夏”“何其有幸，生于种花家”。我们高校辅导员应以《新时代爱国主义教育实施纲要》为蓝本，以战“疫”大考中的生动事例为素材，充分筑牢爱国主义教育的思想根基，教育引领广大青年学生在国际防疫日趋严峻的形势下看清这个“能扛事国家”的宽广胸襟，在七昼夜火神山建设速度中感受“集中力量办大事”的制度优势，在万余名同龄医护者身上感知“上下一心、众志成城”的民族精神，在八旬院士钟南山的坚毅目光中体会“尊重自然、尊重规律”的科学思维，培养当代大学生的责任意识、科学精神和家国情怀。

作为一名高校辅导员，我们有责任引领广大青年学生在战“疫”大考中读懂中国共产党。我们党是马克思主义政党，人民立场是马克思主义的根本立场，也是习近平新时代中国特色社会主义思想的根本立场。疫情发生后，习近平总书记明确要求把人民群众生命安全和身体健康放在第一位，这是马克思主义人民立场的最好诠释。而从1998年的洪水、2003年的非典、2008年的汶川大地震直至当下的疫情阻击战，这些“90后”所亲历的磨难也一再证明：只要有中国共产党的坚强领导，有党组织发挥战斗堡垒作用，有党员冲锋在前发挥模范带头作用，就一定能够带领广大人民群众战胜困难、取得胜利。而更为重要的是，今天的战场，“90后”已不仅是亲历者，更是战斗者。他们中已经涌现出一批优秀的党员典范，也激励着更多青年人以更加虔诚的态度选择加入这个历经百年风雨的人民政党。

作为一名高校辅导员，我们有责任引领广大青年学生在战“疫”大考中读懂青年一代的使命担当。有人说，这次疫情让“90后”一夜长大，平时他们是儿子、女儿、妻子、丈夫、爸爸、妈妈，而穿上铠甲他们是医生、护士、警察、解放军、志愿者，更是天使和英雄。“90后”回应说，非典时全世界守护“90后”，17年后换我们守护全世界。曾担心你弱不经风雨，你说一辈子国家能有几次需要我。从花朵成长为栋梁，原来只需要这一声召唤！青年兴则国家兴，青年强则国家强。实现中华民族伟大复兴的中国梦，需要一代又一代有志青年接续奋斗，而我们高校辅导员所要做的，就是在更为广阔的空间里挖掘青年一代的使命感、责任感、归属感，引领他们到祖国和人民最需要的地方挥洒青春、建功立业！

战“疫”大考，我们高校辅导员虽不能做“逆行者”，但面对可爱、可信、可为的青年一代，却更加深切感到立德树人的事业使命光荣、前景光明。

我们责无旁贷，我们一路同行！

（本文入选2020年9月东北师范大学出版社出版的《高校战“疫”一线的思政力量——全国百名优秀辅导员抗击新冠肺炎疫情的行动与思考》一书）

交出经得起检验的新时代合格答卷

/ 袁世平 /

习近平总书记历来重视青年工作和青年成长，他曾说，“中华民族伟大复兴终将在广大青年的接力奋斗中变成现实”。2020 年 3 月 15 日，习近平总书记给北京大学援鄂医疗队全体“90 后”党员回信，向他们和奋斗在疫情防控各条战线上的广大青年致以诚挚的问候。在回信中，习近平总书记指出，青年人同在一线英勇奋战的广大疫情防控人员一道，不畏艰险、冲锋在前、舍生忘死，彰显了青年的蓬勃力量，交出了合格答卷。

习近平总书记的重要回信，既是对青年的肯定和鼓励，也指明了当代青年成长成才的正确方向。作为一名高校辅导员，也让我更加明确地认识到，我必须牢记“为党育人、为国育才”的初心和使命，持续做好青年大学生的思想引领工作，引领青年大学生深植爱国主义情怀，努力练就本领，勇于砥砺奋斗，担当时代责任，在为实现中华民族伟大复兴的中国梦的奋斗征程中，交出一份经得起历史检验的新时代合格育人答卷。

作为高校辅导员，我们要引领青年大学生把爱国情怀厚植心中。纵观中华民族五千多年历史，爱国既是传统也是传承，它深深根植于华夏儿女的血脉中，每到关键时候都会焕发出蓬勃的力量。而奋战在抗“疫”各条战线的“90后”“00 后”青年，他们的英勇表现，彰显了新时代中国青年的爱国情怀，也再次证明了这种传承的精髓。新时代爱国主义教育是实现中华民族伟大复兴的中国梦的精神支撑，既要融入时代背景，也要突出当代主题。“何其有幸，生于种花家”这样的真实呐喊不应是特殊时期的一时感慨，而应成为青年一代的坚定信念。作为高校辅导员，我们要认真贯彻落实《新时代爱国主义教育实施纲要》工作要求，聚焦青年学生的成长成才需求，坚持全员全过程全方位育人，积极开展深入、持久、生动的爱国主义教育，把爱国主义情怀深深地根植于学生心中，让爱国主义精神在学生心中牢牢扎根。

作为高校辅导员，我们要引领青年大学生把奋斗精神落到处。奋斗精神是中华民族的传统美德，也是青年大学生成长成才的必要品格。“××后”只是一个年龄概念，奋斗后才会有真作为。当代青年大学生接受的教育更系统、更全面，他们知识更丰富、视野更开阔、性格更洒脱。让“奋斗”成为他们青春最亮丽的底色，他们一定会再一次用事实证明“青年兴则国家兴，青年强则国家强”。作为高校辅导员，我们应主动采用大学生喜闻乐见的方式，通过各种形式，在培养学生奋斗精神上下功夫，使学生在潜移默化中感受奋斗精神的重要性，并自觉培育个人的奋斗精神。

作为高校辅导员，我们要引领青年大学生把责任担当扛在肩上。中国特色社会主义进入新时代，时代呼唤担当，当今青年大学生正逢其时，也重任在肩。自古英雄出少年，国难当头挺身而出，生死线上无所畏惧，成千上万奋战在各条防疫战线上的“90 后”“00 后”，都在用自己的卓越表现证明，他们有能力守护这个世界。经过抗击新冠肺炎疫情的磨砺，他们也有资格接过前辈手中的接力棒，扛起属于他们的责任和担当。作为高校辅导员，我们要用好战“疫”大考中的鲜活素材，引领学生正确认识时代责任和历史使命，培养学生心系祖国、胸怀天下的责任意识，迎难而上、挺身而出的担当精神，激励学生自觉把个人理想、追求融入国家和民族的事业中，在做好每一件事，完成每一项任务，履行每一项职责中践行奋斗精神，用一辈子的矢志奋斗来体现新时代大学生的责任和担当，勇做走在时代前列的奋进者、开拓者。

（本文入选 2020 年 9 月东北师范大学出版社出版的《高校战“疫”一线的思政力量——全国百名优秀辅导员抗击新冠肺炎疫情的行动与思考》一书）

用好“四引领”，打好“云战疫”

/ 沈　菲 /

2020 年伊始，新冠肺炎疫情突如其来。习近平总书记高度重视疫情防控工作，亲自指挥部署；四万余名白衣天使逆行驰援武汉，成为当代最可爱的人；全体中华儿女齐心协力，为打赢这场疫情防控的人民战争贡献自己的力量。

这段时间，作为一名高校辅导员，我的生活也是不平静的：牵挂学生健康，上传下达信息，核实各类数据，追踪关注学生的学习生活状况，竭力推进毕业生就业工作，配合专业课教师做好线上教学效果的反馈……除此之外，我也一直在想，还能做些什么呢？

我所在的新闻与传播学院学科门类齐全，办学实力雄厚。这场疫情防控阻击战，在确保学生居家安全的前提下，如何落实“停课不停学”，利用线上线下、校内校外的各类课程教育和思政教育元素，引领广大青年学生用好专业工具、主动观察发声、勇于担当作为，成为我关注的重点。

经过一番思考，我的思路逐渐清晰：充分发挥学院专业优势，利用现有的“学院-班团-班小组”三级新媒体矩阵，整合全院师生力量，以笔为媒，以文抗疫，用好“四引领”，打好“云战疫”。

一、思想引领：让心中信仰成为学生抗击疫情的精神力量

新冠肺炎疫情暴发以来，各单位党员主动请缨、冲锋在前，一面面党旗在抗疫一线高高飘扬，振奋人心、凝聚力量；火神山雷神山十余天建成，集中力量办大事的制度优势集中凸显；国际防疫日趋严峻，而中国这个“能扛事国家”的宽广胸襟显露无遗；四万余名医务工作者白衣执甲，“上下一心、众志成城”的民族精神让人动容。这些鲜活的思政教育素材，我们不能错过！

习近平总书记给北京大学援鄂医疗队全体“90后”党员的回信，饱含着党和国家对青年一代的勉励与期待，院学生党总支第一时间向全院学生党员和入党积极分子发出倡议，“共抗疫情，爱国力行，主动担当”。学生共鸣强烈，在战“疫”大考中对中国和中国共产党有了更加深入的认识和了解。学工团队老师告诉我，这些天来有很多党员和入党积极分子递交了基于疫情期间所思所感的思想汇报，也有不少同学表达了加入党组织的愿望。疫情是一场大考，也是一面镜子，再一次折射出我们党强大的凝聚力和感召力。今日战场，“90后”青年不仅是亲历者，更是战斗者。他们中已经涌现出一批优秀的党员典范，也必将激励着更多青年人以更加虔诚的态度选择加入这个历经百年风雨的人民政党。

我从学院“疫情中的我和你”作品征集和线上展示中看到了学生们广阔的专业视野和扎实的业务能力；从线上捐款中感受到了学生党员们渴望尽一份力的责任与担当；从各党支部形式多样的线上主题党日活动中确信了他们都是志同道合、信念坚定、敢于担当的小伙伴……在一张张原创海报和一篇篇活动推文中，我看见了同学们努力将小我融入国家和人民的大我之中，看见了他们用实际行动擦亮的一颗颗对国家和人民的赤子之心，也看见了那如金子般珍贵的信仰。我想这种心之所向、素履以往的执着也必将成为同学们战胜疫情、勇攀高峰、实现人生理想的强大精神力量。

这场疫情，让青年一代的爱国热情高涨。作为高校辅导员，我们更应该有这样的行动自觉，用好载体，言传身教，保护、引领、延续好这份真挚的情感。未来，思想引领依然是我们工作的重中之重，这一“疫”我们看到了青年一代的可爱、可信、可为，也看到了这份立德树人的事业更加光明的未来。

二、课程引领：让专业学习成为学生爱国力行的实践疆场

这次疫情带给我很多思考，它仿佛是一种无形的黏合剂，把学工与教学、课程与思政、校园与社会、线上与线下牢牢地黏在一起，迸发出强大的育人合力。为了更好地贯彻落实“停课不停学”，我们策划发布“战‘疫’集结令”，面向全院学生征集战“疫”主题原创新闻报道、短视频、摄影图片、公益海报和相关文艺作品评论。通过教学学工联动，教学一线相关课程老师也积极响应，学生在不掉线的学习中开始充分体察国情社情、培养爱国力行的意志品质。云课堂上，师生云交流、云审阅和云点评；课下，同学们便带着选题和思考开始了

云调研、云访谈和云协作。受疫情影响各种店铺都闭店停业，他们聚焦独立书店这一南京的文化产业典型，撰写了《南京独立书店停摆的一个月》一文，积极引导舆论方向；看到疫情之下各大栏目组纷纷邀请各路嘉宾“云连线”“云互动”，他们就积极联系在湖南广电等媒体实习工作的学长学姐，撰写出《云综艺？诞生于疫情的新形式》一文，从现象剖析逐渐上升到学术研究的高度。此外，还有诸如《17 岁高中生和她的“抗疫读书会”》《援鄂医护战役日记里的 75 种喜怒哀乐》等一系列饱含学生思考和见解的推文陆续出炉（详见段末表格）。同学们将网络和大数据用到极致，虽足不出户却洞察疫情之下的百姓民生；虽仅是作业，却也群策群力拿出 120%的付出去倾力完成。透过这些同学关心关注的议题，不难看出学生专业实践能力和思想的高度，也集中反映了学院课程思政建设的效力。

习近平总书记在学校思想政治理论课教师座谈会上强调，“坚持显性教育和隐性教育相统一，挖掘其他课程和教学方式中蕴含的思想政治教育资源”。我们一直在进行“课程思政”的探索，也深知从“知识传授”“能力提升”到“价值认同”，绝不是简单嫁接与强行加塞，也绝非辅导员老师凭一己之力就可以完成的。学生工作和教学工作，不应是“两张皮”，而应是“双面胶”，尤其在“课程思政”建设板块需要通力合作，找准最佳切入点，实现教学与育人目标的融合。这一“疫”不仅给我们的“课程思政”实践积累了大量现实素材，也为我们后续的思政工作提供了很多启示。我们将继续以马克思主义新闻观为指导，以术入道，以道驭术，在学生高度认知、认同中引领他们树立正确的世界观、人生观和价值观。

三、朋辈引领：让逆行院友成为学生专业发展的先锋榜样

疫情就是命令，防控就是责任。在举国上下都在努力打赢疫情防控阻击战之时，新闻工作者也没有缺席。他们虽不能像医务工作者一样奋战在治病救人的第一线，但在舆论宣传战线上，也要勇于担当、冲锋在前，发挥阵地优势。随着院友群中报平安信息的此起彼伏，报纸、电视、网络上熟悉的署名多了起来，他们或奋战于一线，或守备于后方，都在以己之力书写“疫”线故事，以知识和担当点亮星光，以初心和使命汇聚力量，驱散疫情笼罩在人民心中的阴霾。据不完全统计，奋战在疫情新闻报道一线的学院毕业生有近百人，其中领

命奔赴湖北一线的就有近 20 人。这些有召必应、报名奔赴前线的“新传”逆行者不仅牵动着全院师生的心，更是一份朋辈教育和专业认知教育的绝佳素材，我们必须要用好！经过精心梳理和策划，“逆行者”专题推送陆续面世。在学工团队老师的协调联系下，学生们关注师兄师姐们的动态，向逆行者遥送来自母院的关心问候，也在空闲之时进行了线上访谈，形成了万余字的采访手记，并分多期整理发布。天边不如身边，《奋战抗击疫情一线，传播最美逆行故事——对话江苏省卫健委驻武汉指挥部宣传组成员周宁人》《保重！战疫一线的新传人》《“新传”伉俪：抗疫“夫妻档”的感人故事》……这些院友抗“疫”事迹通过学院官网、微信公众号等渠道陆续传播开来，既能让同学们增强专业认同感和职业价值感，也能让遍布天下的南师“新传”人身隔千里、心似比邻。

“逆行者”主题共采访战“疫”一线院友 20 人，相关推送阅读量超过一万人次，我校官方微信公众号和校友总会微信公众号转发相关文章。在校生和毕业生刷屏无数，爱校荣院，恰如此时。这一“疫”，优秀院友们以自己的实际行动，让在校学生明白了什么是传媒人的专业素养和使命担当。这种认知是学校教育的延伸和升华，其效力超出了我们的预期，更带来了爱校荣院的“叠加惊喜”。而通过这样的尝试，我们也更加理解了何谓“全员育人”，何谓“朋辈引领”，何谓“育人合力”。未来，我们将进一步用好这些“合力”，通过请进来和走出去，整合思政小课堂和社会大课堂，连接专业和行业，用好优秀院友资源，聚力各类思政教育元素。相信在不久的将来，今日的在校生也一定会学着优秀前辈的样子，在党和人民需要时，铁肩担道义，妙手著文章。

四、管理引领：让真诚陪伴成为学生宅家学习的暖心守护

学生千条线，老师一心牵。我院有九名湖北籍学生，此外有一名安徽籍学生因家庭所在楼栋出现确诊病例而居家隔离，两名海外交流学生也在此期间期满回国。这些学生的学习生活情况如何，自身安全有无保障，家庭有无出现变故，我必须了解清楚。而其他学生宅家学习期间身心健康状况如何，有无掌握足够多的防疫科普知识，毕业班学生如何面对就业季……这些都成为我重点考虑的问题。我深知，只有细致入微地管理与陪伴，并将群体性教育管理和针对性帮扶指导相结合，才能在这个特殊时期守护学生的身心健康。

在群体性教育管理方面，我们推出“云”班会+科普推文+云端集体活动的

组合拳。以新冠肺炎疫情防控常识、疫情防控期间思想引导和心理疏导、云学习感悟与收获等为主题的“云”班会在我院各班级试点效果良好，现在已通过党委学工部和“沈菲思政教育工作室”的组织发动，面向全校班级推广。院学生会牵头、各班生活委员协助组稿的《启动！家庭防疫保卫战正式打响》《口罩一戴，福气常在，一起来看看专家组的建议吧》《这是一份口罩选购佩戴指南，请查收》等一系列接地气、有温度的网络推文，科普效果良好。学院心理气象站携各班心理气象员组稿创作的《我们在一起》《别让过度焦虑控制你的生活》《我们该如何面对灾难》等一系列网络推文引导学生树立乐观的心态，养成健康的作息习惯，正确处理好疫情与生活和学习之间的关系。学院师生落实教育部指示要求，在线共上一节“思政大课”。此外，“跨越山海 · 共赴暖春——十佳歌手云开唱”“相聚于网 · 温暖如常——学生支部云端茶话会”等线上活动也应运而生。

在针对性帮扶指导方面，我们整合人力物力、畅通信息渠道、关注特殊群体，确保精确精准。疫情暴发以来，我们协调组织学院领导、班主任、导师，与湖北籍学生、居家隔离学生、海外交流学生多次视频连线，时刻关注他们的身心状况，并鼓励他们用传媒人的视角，将这段特殊时期的所见所闻记录传播，形成珍贵的历史记录。

我们时刻把学生安危放在心头、把使命担当扛在肩上，努力让真诚的陪伴成为学生在家学习的暖心守护。为了确保每一位同学的健康和安全，我们全面摸排学生信息、定时提醒学生通过今日校园 APP 填写健康日报、及时发现学生的异常情况并第一时间上报。面对疫情对春招产生的不利影响，我们逐一排查待就业学生、了解学生的升学就业意向并利用网络诚邀用人单位提供岗位、精准推送招聘信息。学生的需要在哪里，我们就尽其所能地云守护到哪里，既解决当下实际问题又关注未来长远发展，既严格管理又温暖陪伴，围绕学生、关照学生、服务学生。

“辅导员应当努力成为学生成长成才的人生导师和健康生活的知心朋友”，对于这句话，我们从未像今天这样有如此深刻的理解。

（本文入选 2020 年 9 月东北师范大学出版社出版的《高校战“疫”一线的思政力量——全国百名优秀辅导员抗击新冠肺炎疫情的行动与思考》一书）

战"疫"大考中的育人思考：在学生心里埋下真善美的种子

/ 袁世平 /

一场疫情，一次大考。新冠肺炎疫情暴发以来，在习近平总书记的亲自指挥和党中央的坚强领导下，全国人民万众一条心，上下一盘棋，经过一段时间的艰苦努力，疫情控制取得阶段性胜利，向世界彰显了"越是艰险越向前"的中国力量。

突如其来的新冠肺炎疫情让我们经历了很多，我们需要去思考更多。大学生思想政治教育永远在路上，用好战"疫"大考中的鲜活事例、鲜明启示、先进事迹，就事论"是"，就事论"示"，在学生心里埋下真善美的种子，是我们高校辅导员必须答好的考卷。

一、在学生心里埋下求真的种子

求真是一种科学的态度，也是一种崇高境界。在本次疫情阻击战中，求真务实的工作作风、精准施策的科学方法、求真求实的科学精神等畅通了疫情防控的前行之路，是疫情阻击战取得胜利的重要保证。结合疫情，我们要给学生讲清楚一些事实，讲明白一些道理，为学生打下求真务实的思想基础。

1. 讲清"中国力量"昭示的人心所向

疫情发生以来，在国家重视程度、应急响应级别、统筹应对等方面，我们看到了强大的中国力量。这力量源于以习近平同志为核心的党中央的有力领导，源于集中力量办大事的中国特色社会主义制度的优势，源于新中国成立以来社会主义现代化建设形成的综合实力。同时我们看到的还有：耄耋、古稀之年驰援武汉的钟南山、李兰娟，逆行的医护人员，空降的人民子弟兵等，身上体现的中国精神；努力防止疫情蔓延，尽显负责任大国作为，积极分享防控经验，尽力为各方提供援助的中国担当；一声令下，数天时间建成的可容纳上千张床位医院的中国速度；在抗疫实战中形成的，被世界各国借鉴、采纳的中国经验；人民至上的中国温度……这些不断闪烁的“中国符号”，让每一位中国人信心倍增。源于事实的说理最有说服力，结合疫情我们可以理直气壮地把这些道理给学生讲清楚、讲透彻。感同身受的大学生们，能够在听懂真信的基础上进一步坚定“四个自信”，做到“两个维护”，不断增强使命感，自觉担当作为。

2. 讲清“舆情杂音”遮掩的客观事实

新冠肺炎疫情暴发以来，关于疫情的传言也似病毒一样开始传播，各种抹黑论和“标题党”等复杂言论满天飞。极少数“唯恐天下不乱”之人，制造层出不穷的谣言、谎言大肆传播，扰乱了社会秩序，也给科学抗击疫情带来了消极影响。结合疫情我们可以给学生讲清楚：这些“舆情杂音”背后的真相，背后藏着的不可告人的目的；那些在平时生活中出现在我们耳旁的“千奇百怪”声音，其目的和危害与疫情中的谣言、谎言是一样的。结合疫情我们可以给学生讲清楚，面对一些言论，我们先不用热血沸腾，也不用义愤填膺，可以想一想发布者背后的目的是什么，放在国家和社会的大局中去考虑，这些言论是起正向的作用还是负面的作用，再做出自己的判断。在这个过程中要教育引领大学生相信党和政府，听党话、跟党走，学好本领，在实现中华民族伟大复兴的中国梦的历史进程中贡献自己的力量。

3. 讲清“科学防治”遵循的内在规律

习近平总书记提出的“坚定信心、同舟共济、科学防治、精准施策”的疫情防控工作十六字方针要求中，科学防治是主要内容。疫情防控的方方面面都体现着科学精神，贯穿着科学原则。事实也证明只有弘扬科学精神，坚持科学防治，才能打赢这场疫情防控的阻击战，这背后体现的就是知识的力量。

结合疫情我们要引导学生尊崇科学、相信科学，养成良好的卫生习惯，形成科学的生活方式，具备健康的心理素质，这些不仅有利于个人健康安全，还能有效遏制病毒肆虐，更可使我们受益一生。结合疫情我们可以给学生讲清楚，唯有具备专业知识的人，才能更好地解决目前的困难、从容地面对以后的困难，才能在这个时代立足，并有所作为。结合疫情我们可以给学生讲清楚，如何养成良好的学习习惯，掌握科学的学习方法，刻苦学习专业知识，不断提升自身的专业能力和素养。

4. 讲清“生命至上”彰显的责任担当

在这场没有硝烟的战“疫”中，我们党始终坚持把人民放在心中最高位置，把全心全意为人民服务的宗旨意识作为一切工作的出发点和落脚点，全国人民万众一心、众志成城，在党中央的坚强领导下，谱写一曲无所畏惧、勇往直前、守望相助、夺取胜利的时代赞歌，书写“人民至上、生命至上”的最好答卷。结合疫情我们可以给学生讲清楚，在亲自指挥部署抗疫中，习近平总书记强调始终把人民群众生命安全和身体健康放在第一位，充分彰显了以习近平同志为核心的党中央坚持以人民为中心的执政理念、为民情怀和全心全意为人民服务的根本宗旨。结合疫情我们可以给学生讲清楚，广大医务工作者勇敢“逆行”，与病魔斗争，和生命同行，所体现的“人民至上、生命至上”的医者仁心和大爱情怀。结合疫情我们可以给学生讲清楚，那些牺牲的医务人员、警务人员和其他抗疫工作者们身上体现的用生命守护生命、以生命践行使命的价值与意义。结合疫情我们可以给学生讲清楚，无数基层党员干部、社区工作人员，风雨无阻，任劳任怨，深入疫情防控第一线所体现的责任担当。

二、在学生心里埋下向善的种子

疫情无情，人间有爱。疫情发生以来，我们看到了无数感人至深的善行善举。有舍小家为大家的爱国情怀；有舍己为人、克己奉公的无私奉献；有一方有难、八方支援的社会责任；有遵守规定、主动隔离的自律行为；有真诚相待、守望互助的爱与关怀……结合疫情，我们要做好学生的思想教育工作，在学生心里埋下向善的种子，让学生在向善的行动中，不断涵养个人品德。

1. 开展好爱国主义教育，用爱国情怀奏响人生最强音

习近平总书记在纪念五四运动100周年大会上讲话中说，历史深刻表明，爱国主义自古以来就流淌在中华民族血脉之中，去不掉，打不破，灭不了。英雄的中国人民在疫情中的表现也再次证明了这一点。我们要认真贯彻落实《新时代爱国主义教育实施纲要》，开展好爱国主义教育，让爱国主义情怀成为学生个人最强音。我们要结合在疫情中涌现出的先进典型、英雄人物身上体现的爱国情怀和精神，开展榜样示范教育，启迪学生的爱国思想；结合在疫情中体现祖国强大的大量数据和事实，开展民族自豪、民族自信教育，激发学生的爱

国情怀；结合在疫情中体现出的科学精神，开展学习报国、学习强国教育，落实学生的爱国行动。通过深入、持久、生动的爱国主义教育，把爱国主义情怀深深地根植于学生心中，让爱国主义精神在学生心中牢牢扎根。

2. 开展好感恩励志教育，用仁爱之心谱曲人生主旋律

病毒是冰冷的，但在疫情中处处体现的爱和关怀是温暖的，我们体验了感动，也知道了感恩。结合疫情，我们要开展好感恩励志教育，让仁爱友善成为学生人生主旋律。我们要在学生日常管理和服务中营造良好感恩氛围；采取主题报告会、主题班会、讨论会等形式，开展感恩励志教育；充分利用好感恩教育的关键节点，比如：在学生毕业季，开展感恩教育活动，教会学生感恩母校、感恩老师、感恩同学。我们要在资助育人工作中融入感恩教育，向学生普及“资、勤、助、贷、补、免、减”七位一体的资助工作体系，让学生充分了解党和国家为家庭困难的学生出台了哪些优惠政策和措施，投入了多少专项经费着力解决家庭困难学生的经济困难和就业问题，让学生感受到党和国家的关心和社会的温暖，学会感恩与回报，实现从受助向助人的转变。

3. 开展好社会责任教育，用奉献精神书写人生新高度

在疫情中，我们看到无数的企业和个人出钱出力，积极参与志愿服务，体现出了强烈的社会责任感。我们也看到了无数返乡大学生当起志愿者，投身疫情防控第一线，担起了自己的社会责任。我们要开展家国情怀教育、社会责任教育、诚信意识教育，让服务社会、乐于奉献成为学生的人生风向标。我们要开展专题讲座、主题班会、演讲比赛、征文比赛等，让学生理解社会责任的内涵和意义。我们要引导学生自觉参与各种社会实践和志愿服务活动，从身边的事做起，从身边的服务开始，培养并强化社会责任感。

4. 开展好纪律规则教育，用规则意识校对人生基准色

在战“疫”大考中，全国人民遵守规则，听从指挥，取得了抗疫的显著成效，这让人们感受到遵守规则的重要性。我们要开展好纪律规则教育，让遵规守纪成为学生的基本行为习惯；要在主题教育中加强社会主义核心价值观教育和法律法规知识的普及教育，培养学生自觉遵守社会规章制度和法律法规，遵守公序良俗；要制定合理的规章制度，发挥制度的约束作用，规范学生日常行为，促使学生形成规则意识；要将“规则教育”与大学生日常学习生活融为一

体，让学生在潜移默化中形成对规则意识的情感认同，并在实践中实现规则意识的固化。

三、在学生心里埋下寻美的种子

在突如其来的新冠肺炎疫情面前，我们看到了无数无畏无惧的“最美逆行者”，也看到了在各行各业中涌现出的无数敢担当、有作为的“最美工作者”。他们迎难而上，构成了一道道美丽的风景线。他们的美，美在有坚定的理想信念，有强烈的使命担当，有丰盈的内心世界，有闪光的精神品质。我们要运用好这些先进人物的感人事迹，让学生明白什么是真正的美，人应该追求什么样的美，从而在学生心里埋下寻美的种子。

1. 用好信念教育导航仪，用使命担当指引人生航向

在疫情防控阻击战中，无数党员、干部不顾安危，冲锋在前，甘于奉献，让我们看到了共产党人的理想信念。我们要以疫情防控为契机开展好理想信念教育，让坚定的理想信念指引学生的人生方向；要以理想信念教育为核心，开展学生“三观”教育和民族精神教育，以基本道德规范为基础，深入开展公民道德教育；要将中国梦融入大学生理想信念教育中，把个人梦和中国梦的实现联系起来，把自身前途与国家命运联系起来，把个人理想和国家需要联系起来；要发挥榜样的力量，加大先进典范的宣传力度；要通过讨论、辩论、调研等方式，让学生深刻理解国家发展现状和发展方向，明确自己在其中的定位和责任。

2. 用好心理教育安全锁，用丰盈内心保障生命美好

良好的心理素质在个人抗疫中发挥着重要作用。当代大学生的心理健康问题有日趋严重的趋势，疫情的发生更给学生带来各种心理压力，冲击学生的心理健康。我们要以疫情防控为契机，开展好心理健康教育，让健康丰盈的内心成为学生美好生活的重要保障；通过 QQ、微信、心理热线、公众号平台等渠道，向学生传递心理健康知识，帮助学生做好心理调适；一对一解答学生的具体心理问题，主动联系身在疫区或者被病毒感染的学生，并做好心理疏导工作；利用网络平台加强对学生的学业指导和就业指导等，减轻学生的心理压力。返校复学后，要继续加大心理健康教育力度，广泛开展心理健康教育活动，利用团体辅导等形式，让心理健康教育做到全覆盖，努力培养学生理性平

和的心态和健全的人格。

3. 用好生涯教育助推器，用匠心文化彰显职业价值

当代大学生肩负着实现中华民族伟大复兴的中国梦的神圣使命，其职业取向和奋斗目标应和国家的前途命运紧密相连。在疫情中，我们看到一些原本不太热门的专业的人才变得稀缺，一些平凡的岗位默默地创造自己的价值，发挥着重要作用。我们要开展好生涯规划教育，让神圣的使命成为学生职业最鲜明的底色。我们要在学生的职业生涯规划中，使学生树立正确的职业观；加强使命感教育，围绕自我探索、职业探索和人职匹配，培养学生的责任意识和良好的职业道德；加强个人价值观教育，让学生明白对美好生活的追求不能只停留在物质上，更应体现在精神上；加强职业使命感教育，让学生明白职业的价值在于个人的奉献，在于对人类和社会的贡献；加强职业价值观教育，让学生明白适合自己的就是最好的，自己的才能一定要和职业岗位匹配，无论自己在从事什么工作，都能做到最好。

4. 用好劳动教育新引擎，用奋斗精神成就事业辉煌

日前，中共中央、国务院印发《关于全面加强新时代大中小学劳动教育的意见》。这次疫情中各行各业的最美劳动者、逆行者身上体现的奋斗精神、奉献精神，正是对大学生开展劳动教育的活教材。我们要通过广泛的宣传教育活动，帮助学生树立劳动最光荣、最崇高、最伟大、最美丽的劳动观念。我们要开展名人奋斗史教育，让学生从他们的成长经历中深刻认识到劳动是创造价值的唯一源泉，培养勤俭、奋斗、创新、奉献的劳动精神。我们要通过搭建多样化的实践平台，帮助学生在实践中养成劳动习惯，如在校园内外搭建实践平台，让学生的公益劳动、志愿服务定期化、常态化；在与学生专业相关的企业搭建见习、实习平台，引导学生利用寒暑假、小长假等时间积极参加社会实践活动，在实践中接受劳动锻炼。

风物长宜放眼量。危机总会过去，我们坚信，经历过“山重水复”的征程，一定会迎来“柳暗花明”的胜景。

（本文入选 2020 年 9 月东北师范大学出版社出版的《高校战“疫”一线的思政力量——全国百名优秀辅导员抗击新冠肺炎疫情的行动与思考》一书）

以爱导航，做好学生的价值引领

/ 袁世平 /

全国教育大会是一次具有里程碑意义的重要会议，为新时代我国教育事业发展指明了方向，提供了根本遵循。习近平总书记在大会上发表了重要讲话，阐述了九个坚持，提出要在六个方面下功夫，这是习近平新时代中国特色社会主义思想关于教育的新成果，是中国特色社会主义教育理论体系建设的思想指引，是中国特色社会主义教育实践的行动指南，我们必须始终坚持并不断丰富发展。习近平总书记强调，要在加强品德修养上下功夫，教育引导学生培育和践行社会主义核心价值观，踏踏实实修好品德，成为有大爱大德大情怀的人。作为一名高校辅导员，我们和学生朝夕相处，是离学生最近的人，我们的一言一行都会潜移默化地影响学生，想要学生成为什么样的人，首先我们自己就要成为这样的人，一定要按照习近平总书记对教师提出的“四有”好老师的标准严格要求自己。“四有”中的有仁爱之心，是教师从事的职业所需，体现了和谐育人的导向。教师是人类社会灵魂的工程师，只有真心诚意地去爱每一名学生，才能成为一名合格的教师。有了爱人之心，才会产生教育育人的动力，否则，只能是应付了事。

作为辅导员，我们的师爱体现在哪里？就是要对每一位学生负责，努力让每一位学生都能成长成才。一个学生对于社会而言是几千万分之一，但对于一个家庭却是百分之百。我认为辅导员的工作付出能够改变学生的命运，进而改变一个家庭的命运，这既是我们的责任，也会让我们有无上的价值感。我觉得辅导员的师爱应该体现为，当学生的挚友，走近学生，走进学生；把学生当亲人，不辞劳苦，不计回报；做学生的严师：做“四有”好老师，当好学生的“四个引路人”。我觉得辅导员可以暂时没有卓越的师能，但必须有优良的师德师风；可以暂时没有渊博的知识，但必须有勤奋好学的态度；可以暂时没有高超的教育智慧，但必须坚定思想政治教育的信念。

思想政治教育是辅导员工作的主要职责之一，学生的价值引领是思想政治教育的重要内容。做好学生的价值引领，就是要帮助学生树立并养成正确的价值观，这个正确的价值观就是社会主义核心价值观。社会主义核心价值观在个人层面中的爱国、敬业、诚信、友善，是大学生所有价值观念中最本质、最具决定作用的部分，是最根本、最重要和最集中的价值内核，要潜入大学生的思想和心灵深处，成形并稳定下来。大学生在校期间出现的一些问题，比如：厌学、迷茫、网络成瘾、游戏成瘾、网贷、攀比以及一些心理问题等，归根结底还是学生价值认知和价值取向出了问题。做好价值引领，引导学生树立正确的价值观，就解决了学生的“内因”，其他问题也就迎刃而解了。对学生进行价值观塑造，我觉得就是要坚持用社会主义核心价值观引领知识教育、引领道德建设，引导学生勤学、修德、明辨、笃实，引导学生爱国、立志、求真、力行，成为社会主义核心价值观的坚定信仰者、积极传播者、模范践行者。个人认为可以从以下几个方面努力。

一、同心同向同频，探索“三全育人”有效途径

1. 师生同心，育人主体要全参与

激发教师的内在使命感，全体教师以立德树人为己任，全员、全方位、全过程育人；唤醒学生内在的积极上进意识，树立远大理想，求真、力行。“两个主体”自育、互育，协调互动、共同发展。

2. 知行同向，育人过程要全贯通

课堂内外相结合，在课堂教学过程中，结合社会实际需求，提高学生实践技能，将课堂所学知识延伸到日常实践活动中，让学生在实践中发现问题、总结不足，进一步明确学习目标和方向，增强专业技能。

3. 思想同频，育人空间要全覆盖

充分挖掘第一课堂、第二课堂和校园内外的育人元素，借助各方力量协同育人，育人元素方向一致、“频率”相同，能达到“共振”效应。

二、引领引导引路，搭建立体育人平台

1. 思想引领，筑牢理想信念基础

以加强学生理想信念教育为核心，以社会主义核心价值观为引领，引导学生坚定“四个自信”，树立正确的世界观、价值观、人生观。加强社会公德、职业道德、家庭美德、个人品德教育，提高学生的道德修养。弘扬中华优秀传统文化、革命文化和社会主义先进文化，以文化人、以文育人。助力学生锤炼高尚品格，引导学生树立励志报国的崇高理想，成为有爱有德有情怀的新时代优秀青年。

2. 方法引导，统筹育人资源和力量

全面统筹办学治校各领域、教育教学各环节、人才培养各方面的育人资源和育人力量，推动知识传授、能力培养与理想信念、价值理念、道德观念的教育有机结合，遵循思想政治工作规律、教书育人规律和学生成长规律，因事而化，因时而进，因势而新。

3. 精神引路，点亮学生心中明灯

用我们自身的师德师风师能去点亮学生心中的灯，离学生近些，近些，再近些；对学生好些，好些，再好些；比学生高些，高些，再高些；较学生强些，强些，再强些。用典型人物的事迹和精神去点亮学生心中的灯，用好故事、好声音去打动学生、引领学生，用正能量去感染、影响学生。

三、模范典范示范，提高育人实效

1. 加强思想建设，人人争做践行社会主义核心价值观的模范

面向全体学生，开展生动的践行社会主义核心价值观教育活动，以“春分细雨”般的“渗透”力量，把学生个人和社会，国家联系起来，在潜移默化的氛围熏陶中培养学生高尚的思想境界和道德情操，将社会主义核心价值观内化为他们长期遵循的价值准则。

2. 加强学风建设，人人争当全面发展的典范

中南大学这几年来，一直在大力加强学风建设，构建了"励学-动力、勤学-养成、优学-发展、辅学-帮扶"四个体系，培育优良学风，促进学生成长，取得了明显实效，学生迟到、旷课的情况越来越少，挂科率大幅度降低，学生的精神状态越来越好、成绩越来越好，"学在中南"深入人心，我觉得这就是一种很好的价值引领。

3. 做实平台建设，打造服务育人的示范

注重顶层设计，做实制度平台建设，努力实现全过程育人；促进"课程思政"的全面建设和发展，做实课程平台建设，努力实现全员育人；创新方式方法，拓展途径载体，注重运用青年大学生喜爱的话语和活动方式，做实服务载体平台，努力实现全方位育人。

（本文是笔者学习2018年全国教育大会精神的心得体会）

走进学生心里，触动学生心灵，让思想政治教育起到润物无声的效果

/ 袁世平 /

作为一名一线辅导员，我有幸能参加习近平总书记亲自主持召开的学校思想政治理论课教师座谈会，现场聆听习近平总书记的重要讲话，精神备受鼓舞，更是感到了一份沉甸甸的责任。习近平总书记强调，思政课是落实立德树人根本任务的关键性课程，办好思政课关键在教师。

学生辅导员是学生思想政治教育的主力军，是完成立德树人任务的一支重要力量，从大思政角度讲，都属于思政教师系列。形势与政策课、精心组织的主题教育活动、主题班会、主题团日，能给学生带来启发和触动的一次次交流……都是一堂堂思政课。因为工作性质的关系，我们和学生朝夕相处，时时陪伴，是离学生距离最近，与学生在思想上最贴近的教师，我们更应该在提升思想政治教育的亲和力和针对性上下功夫，让思想政治教育起到润物无声的效果。

“随风潜入夜，润物细无声。”杜甫的这句诗歌，大家都耳熟能详。它的直接含义是，春雨随着春风在夜里悄悄落下，悄无声息地滋润着大地万物，它的引申含义则是，因为某一事物的发生，而对另一事物产生潜移默化的正向的影响。“好雨知时节，当春乃发生。”从全国高校思想政治工作会议到全国教育大会，再到学校思想政治理论课教师座谈会，党和国家对大学生思想政治工作的重视史无前例，学生辅导员生逢最好的时节，我们就要做那一场场“春雨”，落在学生心田，触动学生心灵，在学生心里播下真善美的种子，让学生健康成长成才，让思想政治教育起到润物无声的效果。

润物无声，我们要有春雨无私的品质。春雨是无私的，慢慢地滋润着大地，从不表露自己的行为和方式，而让别人默默地感到一种温暖。我们的工作如何起到润物无声的效果？一个重要的前提是，我们能真正地走进学生内心，

在学生心里占据一定的位置，能真正地触动学生的心灵。而走进学生内心的前提则是，我们真正地把学生放在心里，有一份对学生、对工作的大爱。这份大爱就是习近平总书记对教师提出的“四有”好老师要求中的有仁爱之心，也是在这次座谈会上对教师提出的六点要求中的情怀要深。我们一定要怀揣这份大爱、情怀，真正地把学生当成自己的亲人，不辞劳苦、不厌其烦、不计回报，围绕学生、关照学生、服务学生，用一个灵魂唤醒另一个灵魂，只有这样才能真正地触动学生的心灵，工作才能起到润物无声的效果。这份大爱和情怀，本身也是一粒真善美的种子，它也会被深深地埋在学生的心里，生根发芽。

润物无声，我们要有春雨平等的态度。春雨是平等的，无论是大树还是小草，它都不偏不倚，不多不少。我们的工作如何起到润物无声的效果？一个重要的保证是，我们在实际工作中能正确对待不同学生之间的个体差异，能平等对待每一个学生。平等地对待每一个学生，发自内心地尊重每一个学生，我们就会有发现美的眼睛，找到每一个学生的优点，因材施教，因势利导，用正向的激励去激发学生内心强大的动力。平等地对待每一个学生，给予每一个学生足够的理解和信任，我们也会得到学生的尊敬和信任，学生可以在轻松愉快的氛围中接受知识、领悟道理，在平等和谐的情境中受到启迪，在不知不觉中受到熏陶和感染。

润物无声，我们要有春雨丰富的营养。春雨是有营养的，春雨如膏，滋长万物。我们的工作如何起到润物无声的效果？一个重要的基础是，我们的教育真正有营养，而这个营养则是我们自身的理论素养。我们的理论素养从哪来？中华民族几千年来形成的博大精深的优秀传统文化；我们党带领人民在革命、建设、改革过程中锻造的革命文化和社会主义先进文化；马克思主义基本原理、方法，毛泽东思想、邓小平理论、“三个代表”重要思想、科学发展观、习近平新时代中国特色社会主义思想，就是我们的理论素养源泉。我们一定要把这些思想精华学懂、弄通，内化于心，运用创新、灵活的教育方法、手段，以透彻的学理分析回应学生，以彻底的思想理论说服学生，用真理的强大力量引导学生。

润物无声，我们要有春雨柔和的温度。春雨是柔和的，但却能让大地生机勃勃，万物复苏。我们的工作如何起到润物无声的效果？一种强大的力量是，我们的人和言行有温度。我们自己和我们的言行，始终保持着温度，给学生带来温暖，就会有强大的力量。辅导员工作中，一个很简单的问题可能会被不同的学生问上几十遍，但越是这样，我们越要心平气和，越要认真地回答。我从事一线辅导员工作已有 19 年了，无论内心有多烦躁，无论有什么个人的事情要处理，只要是学生来电或来访，我都会立刻平静下来，让我的语气和态度保持温暖的温度。当然，光有温度也不够，还要有高度，要有思想的高度、站位的高度、做人格局的高度，正如习近平总书记所要求的那样，政治要强、思维要新、视野要广、人格要正。

润物无声，我们要有春雨不懈的韧度。春雨是有韧度的，淅淅沥沥，不到大地生机勃勃，决不放弃。我们的工作如何起到润物无声的效果？一个重要的条件是，我们有坚持不懈、持之以恒的态度。不管面临什么的形势，不管遇到什么样的困难，我们都要坚定个人的政治信仰，坚定个人的教育信仰，树牢“四个意识”，坚定“四个自信”，坚决做到“两个维护”，紧扣立德树人根本任务，找准学生的情感关注点、思想困惑点、实际需求点，把事情落小、落细、落实、落地，只要有利于学生的事情，丝发必兴，就一定能打动学生，并达到想要的效果。

让我们做滋润学生心灵的及时雨，助学生健康成长成才，让思想政治教育起到润物无声的效果。把新时代的思政课越办越好，把习近平总书记的期望和嘱托落到实地，用我们的努力付出，换“桃李芬芳，春色满园！”

（本文 2019 年 5 月入选《新湘评论》第 9 期）

给学生心灵埋下真善美的种子

/ 沈　菲 /

2019 年 3 月 18 日，学校思想政治理论课教师座谈会在人民大会堂召开。为一门课程召开座谈会，最高领导人参会并发表重要讲话，这在我们党的历史上是第一次。这充分说明了党和国家对学校思政理论课的重视，对学校思政教育工作的重视，对立德树人事业的重视。

百余人的参会名单中，包括各省教育主管部门推选的 32 名高校一线辅导员代表，这是会议释放出的另一重要信号。高校是立德树人事业的主力阵地，是青年拔节孕穗的关键阵地，也是意识形态斗争的前沿阵地。辅导员是高校思政工作的重要参与者和实施者，承上启下、连接内外，作用不言而喻。

通过《新闻联播》、"学习强国"及其他"两微一端"平台，看到很多熟悉的老师在分享他们的喜悦与振奋，我的内心也是激动不已的，正所谓"身未动，心已远"。目标已经明确，需要如何做？习近平总书记在座谈会上为我们指明了方向。无论是对于思政课教师提出的"六点要求"，还是推动思想政治理论课改革创新，不断增强课程思想性、理论性及亲和力、针对性的"八个相统一"，都深刻阐述了办好思政课的重大意义，充满着哲理性与思辨性。认真学习习近平总书记的讲话，我更加自信地认识到，我们辅导员就是思政教师的一分子，也更加深刻地理解到，思政工作的业务就是要给学生树立正确的世界观、人生观和价值观，用马克思主义的立场、观点和方法，给学生心灵埋下真善美的种子，引导学生扣好人生第一粒扣子。而做到这些，对我们思政工作者的能力又提出了更高的要求。

激动之余，我想用三句诗来阐释我对事业、能力与学生的认识。

关于事业：不畏浮云遮望眼

高校辅导员工作是不是能够干一辈子的事业？实事求是地判断，相信不少老师都有过这样的困惑。但从中央 16 号文件到中央 31 号文件，从教育部《高等学校辅导员职业能力标准(暂行)》到 43 号令，从全国教育大会、全国高校思想政治工作会议到“318”座谈会，无不释放出这样的强烈信号：辅导员干事创业的平台已在，“专业化、职业化、专家化”发展的路径已通，事业进步的春天已来。面对新形势新任务，我们没有理由看不清来路，理不清出路，更没有任何借口迷惘、懈怠和停滞不前。习近平总书记对我们提出的“政治要强，情怀要深”，就是要让有信仰的人讲信仰，让真正有人生体验、真正有坚定信仰、真正对学生有大爱、真正对祖国有感情的人来理直气壮地做思想政治工作。

当代著名女诗人舒婷在她的代表作《致橡树》中写道：“我们分担寒潮、风雷、霹雳；我们共享雾霭、流岚、虹霓”，这是对爱情的呼唤。而我们对事业的追求更应该有这样的情怀。“不畏浮云遮望眼”，我们责无旁贷，我们重任在肩。

关于能力：不待扬鞭自奋蹄

当“00 后”已逐渐成为大学生主体时，我们发现，相较于“角色权威”，如今他们更为认可的是“技术权威”“知识权威”与“道德权威”。当他们高呼着“求被大神虐”的时候，我们应该警醒，如果我们不能不断打磨提升工作能力，还停留在简单粗暴的说教灌输和强制要求上，那么“说与做”“知与行”“量与质”“你与我”这几个常见难题将可能一直存在。

能力的提升除了得益于学校的培养、平台的磨练与学生的反哺外，还要坚决按照习近平总书记提出的“思维要新，视野要广”的总体要求，不断提升能力的内涵与外延。在本次座谈会上，习近平总书记的重要讲话有今昔对比、有亲身经历，更有理论联系实际，以生动有趣的案例讲述朴素而深刻的道理，其实质就是用通俗易懂的语言和丰富多样的例子为我们讲的一堂思政理论示范课。而早在 2016 年全国高校思想政治工作会议上，习近平总书记所说的“做好高校思想政治工作要因事而化、因时而进、因势而新”，“好的思想政治工作应该像盐，但不能光吃盐，最好的方式是将盐溶解到各种食物中自然而然吸收”，“天边不如身边，道理不如故事”这些既有高度又接地气的语言，就已经向我们示范了什么叫作“思维要新，视野要广”。

未来已来，我们要做的就是以此为指引，不断加强学习实践，充分利用课内课外、校内校外、学期假期、线上线下等时间和平台，用身边话、讲身边人、说身边事，共同激荡起一份时代责任，激发青年斗志，为实现中华民族伟大复兴的中国梦积聚青年大学生的磅礴力量。“不待扬鞭自奋蹄”，让辅导员工作在育人事业中闪光出彩。

关于学生：静待花开会有时

我们的教育是要培养社会主义合格建设者和可靠接班人，绝不能培养出“长着中国脸，不是中国心，没有中国情，缺少中国味”的社会主义破坏者和掘墓人。青少年阶段是人生的“拔节孕穗期”，最需要精心引导和栽培。只要静待花开，终会收获希望。

虽是“静待”，但并不意味着我们可以“坐享其成”“望天收”，而是要牢记习近平总书记“自律要严”“人格要正”的要求，主动思考作为。在长期的工作实践中，我有三点深刻的感受，一是因材施教，二是守正创新，三是因势利导。

做到“因材施教”，就要求我们在工作中坚持育人导向，突出价值引领。辅导员首先应该是一名辛勤的园丁，因材施教，尊重差异，用足够的耐心，平等地给每一朵花合适的温度、湿度和养分；辅导员还应该是一名专业的锁匠，因材施教，用心倾听，耐心打磨每一把独一无二的钥匙，走进他们的内心深处；辅导员更应该是一名出色的裁缝，因材施教，个性剪裁，了解每一位学生的性格、兴趣、能力、成长背景乃至学习方式，用心为他们制作每一件合乎身形、扬长避短的衣裳。

做到“守正创新”，就要求我们在工作中充分遵循思想政治工作规律、教书育人规律和学生成长规律；既要回望历史不忘本来，也要观照现实面向未来；既要充分用好思政课程、谈心谈话、主题班会、党团活动等传统载体，也要充分利用网络平台、数据技术等新的手段，服务思政教育与日常管理；既要高度聚焦意识形态这一前沿阵地，也要高度重视“三困学生(学业、经济、心理)”“三委骨干(党、团、班)”等重点群体、传统抓手的教育管理。

做到"因势利导"，就要求我们在工作中优化内容供给、改进工作方法、创新工作载体，将思政小课堂与社会大课堂有机结合，充分挖掘各种思政教育元素，激活高校思想政治工作内生动力。"翟天临事件"后，我给研究生群发信息"注释千万条，诚信第一条，学术不规范，导师两行泪"；"咪蒙事件"后，我组织本科生一起讨论传媒从业者的"理性、情感与立场"；元宵节晚会上的亲情歌曲《你把我养大，我陪你变老》感人至深，我在朋友圈里隆重推荐，很多学生发来信息说"听完以后热泪盈眶""以后要每天给父母发条问候短信"；十佳歌手比赛中，我们加入《我和我的祖国》师生快闪环节和"歌声飘过 70 年"主题板块，用学生喜闻乐见的方式创新爱国主义教育形式。以上种种，都是"因势利导"的小切口小细节，而在更为宏大的叙事语境里，我想我们都可以做到"四个结合"，即"结合学生实困实惑""结合教师实思实历""结合学院实情实史""结合时代实景实貌"，以让我们的工作更有针对性与时代性。

"不畏浮云遮望眼"让我们信心满满，"不待扬鞭自奋蹄"让我们不敢松懈，"静待花开会有时"让我们充满期待。只要我们在学校党委的坚强领导下，坚定信仰、坚持学习、坚守底线，就一定能够成为"眼中有光、胸中有墨、手中有尺、心中有爱"的辅导员，并终将能实现"我将无我，不负学生"的人生追求。

（本文是笔者学习学校思想政治理论课教师座谈会精神撰写的心得体会）

从党的百年奋斗重大成就和历史经验中汲取前行力量

/ 沈　菲 /

党的十九届六中全会审议通过的《中共中央关于党的百年奋斗重大成就和历史经验的决议》全面总结了党的百年奋斗重大成就和历史经验，让我们看清楚了我们党过去为什么能够成功，也弄明白了未来我们怎样才能继续成功。这是一篇具有极强历史穿透力、思想引领力、政治动员力、时代感召力的马克思主义纲领性文献，必将对推动全党统一思想、统一意志、统一行动，鼓舞全党和全国各族人民以史为鉴、开创未来，产生重大而深远的影响。

习近平总书记在中国共产党成立 100 周年讲话中指出：未来属于青年，希望寄予青年。站在实现“两个一百年”奋斗目标的历史交汇点上，广大青年正是实现伟大梦想的中坚力量，是国家和民族的希望和未来。在新的征程上，广大青年应不断从党的百年奋斗重大成就和历史经验中汲取前行力量，将个人成长历程与中国共产党苦难辉煌的昨天、日新月异的今天、光明灿烂的明天相互贯通，进一步增强“四个意识”、坚定“四个自信”、做到“两个维护”，努力成长为德智体美劳全面发展的社会主义事业建设者和接班人。

铭记历史，勿忘昨天的苦难辉煌。以史为鉴，可以知兴替。中国共产党自成立以来，就以为中国人民谋幸福、为中华民族谋复兴作为自己的初心和使命。党带领人民进行了新民主主义革命，成立了新中国，并在社会主义革命的基础上，实行改革开放和社会主义现代化建设，中华民族迎来了从站起来、富起来到强起来的伟大飞跃。党的百年奋斗从根本上改变了中国人民的前途命运，开辟了实现中华民族伟大复兴的正确道路，展示了马克思主义的强大生命力，深刻影响了世界历史进程，锻造了走在时代前列的中国共产党。“明镜所以照形，古事所以知今”，百年之路并非一帆风顺，广大青年要从百年党史中深刻认识到红色政权来之不易、新中国来之不易、中国特色社会主义来之不易，要从百年的历史经验中深刻了解中国共产党为什么能、马克思主义为什么行、中国特色社会主义为什么好，不断增强历史定力，把握历史发展规律，风雨无阻，坚毅前行，开创新一代的历史伟业。

立足当下，无愧今天的使命担当。一代人有一代人的使命和担当，广大青年生逢其时，也重任在肩。自五四运动以来，广大青年就成了肩负国家前途命运、促进社会变革的中坚力量。新中国成立以来，无数的青年人投身于社会主义现代化事业建设，不畏艰险，勇敢前行，为我国的发展做出了不可磨灭的贡献。党的十八大以来，中国特色社会主义进入新时代，党领导人民自信自强、守正创新，创造了新时代中国特色社会主义的伟大成就。在战"疫"的第一线，在脱贫攻坚的主战场，在祖国建设的浪潮中，"80后""90后"正接过历史的接力棒，成为时代舞台中心的主角。如今，新一代青年更应肩负起时代赋予的责任和使命，激荡青春热情，矢志拼搏奋斗，练就过硬本领，在乱云飞渡中把握正确方向，在风险挑战前锤炼胆识本领，紧跟时代发展，争当时代先锋，积极投身于社会主义现代化建设，为实现第二个百年奋斗目标不懈努力。

展望未来，不负明天的伟大梦想。心中有梦想，脚下就有力量。中国梦既是国家民族的梦，也是每个中国人的梦。一个人的理想只有和国家的前途、民族的命运相结合才有价值。党的十八大以来，以习近平同志为核心的党中央站在党和国家事业发展薪火相传、后继有人的战略高度，关心青年成长进步，为新时代党的青年工作指明前进方向，感召和激励广大青年接过历史的接力棒，为决胜全面建成小康社会、夺取新时代中国特色社会主义伟大胜利、实现中华民族伟大复兴的中国梦不懈奋斗。梦想从学习开始，事业靠本领成就。在新的历史阶段，广大青年要听党话、感党恩、跟党走，敢于有梦、勤于追梦，勇于圆梦，让个人奋斗与国家发展同频共振；要肩负历史使命，坚定前进信心，立大志、明大德、成大才、担大任，努力成为堪当民族复兴重任的时代新人，以青春之我奔赴下一个百年！

青年一代有理想、有本领、有担当，国家就有前途，民族就有希望。国家的希望在青年，民族的未来在青年。面对新的历史征程，广大青年更需认真学习党的百年奋斗重大成就和历史经验，在学思践悟中坚定理想信念，在奋发有为中实现青春梦想，不断增强做中国人的志气、骨气、底气，不负党的期望、人民期待、民族重托。

（本文刊发于2021年12月1日版《南京日报》"思想理论"专刊）

用忠诚担当践行初心使命

/ 袁世平 /

习近平总书记强调指出："一切向前走，都不能忘记走过的路；走得再远，走到再辉煌的未来，也不能忘记走过的过去，不能忘记为什么出发。"今年是中国共产党成立一百周年，习近平总书记在庆祝中国共产党成立100周年大会上的讲话中，用"四个伟大成就"总结了中国共产党的百年光辉历程。习近平总书记在讲话中指出，一百年来，中国共产党团结带领中国人民进行的一切奋斗、一切牺牲、一切创造，归结起来就是一个主题：实现中华民族伟大复兴。意即党团结带领人民取得的"四个伟大成就"都是围绕"实现中华民族伟大复兴"这一主题不懈奋斗取得的成就，而每一个伟大成就的取得都为实现中华民族伟大复兴奠定了基础。

一百年来，我们的党始终牢记为中国人民谋幸福、为中华民族谋复兴的初心和使命，团结带领全国各族人民浴血奋战、爬坡过坎，取得了一个又一个的辉煌胜利，使近代以来久经磨难的中华民族迎来了从站起来、富起来到强起来的伟大飞跃，兑现了向人民、向历史许下的实现第一个百年奋斗目标的庄严承诺。

我在深入学习习近平总书记七一重要讲话精神的过程中，不仅备受鼓舞、备感振奋，也深深地体会到，个人不能仅仅停留在对党史知识的学习掌握上，更不能停留于口头的表态，而是要深刻地领悟"我们为什么出发"，从而对党的初心使命内化于心、外化于行，落实到具体的行动上。我们要始终牢记自己的第一身份是一名中国共产党党员，第一职责是为党工作，第一目标是为人民服务，始终把党和人民放在首位，用忠诚和担当践行作为一名党员的初心和使命。

牢记党的初心使命，做到对党绝对忠诚，是每一位共产党员的人生坚守，我们一定要不断地筑牢个人的信仰之基、补足精神之钙、把稳思想之舵，树牢“四个意识”，坚定“四个自信”，坚决做到“两个维护”，在思想上政治上行动上同党中央保持高度一致。对党忠诚，就要永葆为民情怀。有情怀者，方能致远。这份情怀就是全心全意为人民服务，我们要自觉地向革命先辈和身边的榜样看齐，始终站稳人民立场，密切联系群众，时刻把群众利益放在心中最高位置。结合自身的本职工作，就是全心全意为师生服务，把为广大师生服务的工作想在细处、落在微处、做到实处，不管遇到什么困难，都要保持攻坚克难的勇气和奋发进取的锐气，争取最好的工作成绩。

在中国共产党成立100周年的重要历史时刻，在“两个一百年”奋斗目标的历史交汇点，党的十九届六中全会审议通过《中共中央关于党的百年奋斗重大成就和历史经验的决议》，发出新时代中国共产党人牢记初心使命、坚持和发展中国特色社会主义的政治宣言。

初心如磐，使命在肩。在工作、生活中，我们要把对党的绝对忠诚作为一种品德，始终做政治上的坚定者；把对党的绝对忠诚作为一种修养，始终做理论上的清醒者；把对党的绝对忠诚作为一种担当，始终做工作上的实干者。我们要持续深入学习贯彻习近平新时代中国特色社会主义思想，全面贯彻党的教育方针，自觉用党的创新理论武装头脑、指导实践、推动工作，提高政治判断力、政治领悟力、政治执行力，牢记“国之大者”，坚持社会主义办学方向，为党育人、为国育才。我们要把立德树人作为根本任务，加强思想政治工作和师德师风、校风学风建设，着力培养德智体美劳全面发展的社会主义建设者和接班人。

（本文是笔者在中国共产党成立100周年之际撰写的个人心得）

后记

我出生于农村的“郊区”，我的家是山脚下仅有的五户人家之一。小时候无数次爬到山顶，望着远处，幻想自己的未来，那时怎么都不会想到自己未来会成为一名大学里的学生辅导员。

1996年，我从辽宁营口来到湖南长沙，就读于中南大学(原长沙铁道学院)交通土建专业，那个时候我也没有想到4年以后，我会留校成为一名学生辅导员。因为性格原因，我一入校就成了一名学生干部，通过老师的培养，自己的努力，大三时成为学院的学生会主席，在工作中逐渐了解了辅导员工作，成为一名辅导员的想法也开始在心里萌芽，逐渐坚定。2000年7月，我如愿以偿，正式成为刚刚合并组建的中南大学的一名学生辅导员，留在中南大学土木建筑学院(现土木工程学院)工作。

我带的第一个年级是土木建筑学院2000级，刚开始是21个班，18个本科班加3个铁道工程专科班，军训结束后，3个专科班转给其他老师，我完整地带完了2000级18个本科班，之后又先后带了2004级、2008级、2010级三届学生。2014年6月，任中南大学湘雅护理学院党委副书记，负责全院学生工作，2023年11月，任中南大学交通运输工程学院党委书记。

转眼就是24年，24年里，“辅导员”三个字已深深地刻在我的骨子里，永远会流淌在血液中！“辅导员应当努力成为学生成长成才的人生导师和健康生活的知心朋友。”这句话是我记忆最深的一句话，也是我经常问自己：“你做到了吗”的一句话。答案是：我一直努力在做，但做得还远远不够，而且学生毕业的时间越久，越觉得自己做得不够。每一位学生不管在校期间表现如何，毕业后都一直把母校、老师记在自己的心里，尤其是辅导员，这个在校期间陪伴他们最多、离得最近的人。无论何时、何地遇到哪个已经毕业的学生，我感受到的都是满满的温暖和感动！相比于学生们的情感回馈，我总觉得自己当年做得太差、太少！

能出版一本属于自己的书是我一直的梦想，2022年和沈菲商量后，这个梦想开始逐渐变为现实，但两个人的工作都很忙，一拖再拖，拖到了现在。回首两年多来这本书的出版历程，再回头看这些20多年来写成的文字，依然觉得如同“梦境”一般，心里是百感交集的，最强烈的感受是感动，最想说的话是感谢，要感谢中南大学各级领导、同事们，给予我的培养、指导、支持与帮助；要感谢我带过的每一位学生，给予我的无穷动力和力量；要感谢我的家人，给予我的无条件支持和默默的奉献；要感谢华中农业大学祝鑫老师、陕西科技大学李萌老师、沈阳工业大学李青山老师、长沙理工大学丁丹老师，对本书出版过程中给予的多方面的指导和帮助；要感谢中南大学出版社杨贝老师，中南大学连选、黄敏、张健、丁德孝、蔡明旭、王尚君等几位辅导员，为本书出版在审核、校对、修改等方面做了大量工作。要感谢的人还有很多，要感谢的事情也有很多，我要做的只能是心存感恩，不忘初心，继续努力，做好自己。

辅导员工作服务的是学生，是一项用心灵陪伴心灵、用灵魂感染灵魂、用青春点燃青春的事业。回首近24年的辅导员经历，我觉得自己是幸运的，也是幸福的，我陪伴了无数祖国栋梁、行业精英们一段宝贵的青春岁月。如今，我和沈菲虽然都离开了心爱的辅导员岗位，但过去的辅导员工作经历将是我们一辈子最大的财富！

图书在版编目(CIP)数据

守望青春　化雨润心：高校辅导员培育时代新人的思考与实践／袁世平，沈菲著. —长沙：中南大学出版社，2024.10

ISBN 978-7-5487-5743-6

Ⅰ. ①守… Ⅱ. ①袁… ②沈… Ⅲ. ①高等学校—辅导员—工作—研究 Ⅳ. ①G645.1

中国国家版本馆 CIP 数据核字(2024)第 051945 号

守望青春　化雨润心

——高校辅导员培育时代新人的思考与实践

SHOUWANG QINGCHUN　HUAYU RUNXIN

——GAOXIAO FUDAOYUAN PEIYU SHIDAI XINREN DE SIKAO YU SHIJIAN

袁世平　沈　菲　著

□出 版 人　林绵优
□责任编辑　杨　贝
□责任印制　李月腾
□出版发行　中南大学出版社
社址：长沙市麓山南路　　邮编：410083
发行科电话：0731-88876770　　传真：0731-88710482
□印　　装　长沙超峰印刷有限公司

□开　　本　710 mm×1000 mm　1/16　□印张 15　□字数 265 千字
□版　　次　2024 年 10 月第 1 版　□印次 2024 年 10 月第 1 次印刷
□书　　号　ISBN 978-7-5487-5743-6
□定　　价　58.00 元